Walther Hinz

Islamische Währungen des 11. bis 19. Jahrhunderts umgerechnet in Gold

Walther Hinz

# Islamische Währungen des 11. bis 19. Jahrhunderts umgerechnet in Gold

## Ein Beitrag zur islamischen Wirtschaftsgeschichte

1991
OTTO HARRASSOWITZ · WIESBADEN

Die Deutsche Bibliothek - CIP-Einheitsaufnahme

**Hinz, Walther:**
Islamische Währungen des 11. bis 19. Jahrhunderts umgerechnet in Gold :
Ein Beitrag zur islamischen Wirtschaftsgeschichte / Walther Hinz. -
Wiesbaden : Harrassowitz, 1991
ISBN 3-447-03187-5


Kreuzberger Ring 7c-d, D-65205 Wiesbaden, produktsicherheit.verlag@harrassowitz.de


Printed in Germany

ISBN 3-447-03187-5

# Inhaltsverzeichnis


Vorwort . . . . . . . . . . . . . . . . . . . . . . . . . . . VII

Abkürzungen . . . . . . . . . . . . . . . . . . . . . . . . . XI

Ägypten – Palästina – Syrien

Ilchan-Reich . . . . . . . . . . . . . . . . . . . . . . . . . 23

Reich der Goldenen Horde . . . . . . . . . . . . . . . . . . 29

Vorosmanisches Kleinasien . . . . . . . . . . . . . . . . . 32

Osmanenreich . . . . . . . . . . . . . . . . . . . . . . . . 40

Safawidenreich . . . . . . . . . . . . . . . . . . . . . . . 58

Gebiet des Persischen Golfes

Basra . . . . . . . . . . . . . . . . . . . . . . . . . 71

Lar . . . . . . . . . . . . . . . . . . . . . . . . . . 74

Hormuz . . . . . . . . . . . . . . . . . . . . . . . . 79

Iran zwischen Safawiden und Qadjaren . . . . . . . . . . . 81

Qadjarenreich . . . . . . . . . . . . . . . . . . . . . . . . 84

Das muslimische Indien

Sultanat Delhi . . . . . . . . . . . . . . . . . . . . . 90

Das Moghul-Reich . . . . . . . . . . . . . . . . . . . 92

# Vorwort

Das hier vorliegende Buch *Islamische Währungen umgerechnet in Gold* bildet das ergänzende Gegenstück zu meinem Beitrag *Islamische Maße und Gewichte umgerechnet ins metrische System* zum Handbuch der Orientalistik (Ergänzungsband 1, Heft 1). Beide Schriften zusammen ermöglichen es dem Kulturhistoriker, die Preise, Löhne und Vermögenswerte im islamischen Orient des Mittelalters und der frühen Neuzeit auf Grund fester Maßstäbe zu ermitteln und zu vergleichen. Sie wollen lediglich Arbeitsgeräte für die Erforschung der islamischen Wirtschafts- und Sozialgeschichte sein.

Die islamischen Währungen waren überwiegend Silberwährungen; Gold wurde als Ware gehandelt. Nur zu gewissen Epochen gab es eine auf Gold und Silber gründende Doppel- oder Parallelwährung. Der einzige feste Maßstab für die Bewertung der islamischen Silber- und Kupfermünzen ist das *Gold.* Denn die Kaufkraft des Goldes blieb im Orient über zweieinhalb Jahrtausende hin völlig unverändert. Unter Darius dem Großen (522–486) kostete ein Hammel im Durchschnitt 5,40 Goldmark; derselbe Preis ist – um nur ein einziges Beispiel herauszugreifen – in Anatolien im Jahr 1340 bezeugt.

Im Gegensatz zur unverändert gleichbleibenden Bewertung des Goldes unterlag das Silbergeld großen Schwankungen. Im ganzen Vorderen Orient beobachten wir eine unaufhaltsame Verschlechterung des Silbergeldes. Nur zwei islamische Herrscher des Mittelalters prägten Münzen aus reinem Silber und sind daher des Lobes der Nachwelt würdig: der Mongole Ghazan Chan (1295–1304) in Iran und der tscherkessische Mamluke al-Muʾayyad (1461) in Ägypten. Der Ruhm ihrer Münzprägung wurde legendär. Die großen Eroberer hingegen ruinierten ihre Währungen ausnahmslos.

Silberwährungen in Gold umzurechnen ist freilich nicht so einfach. Die heimischen Quellen, also Urkunden und Chroniken, geben darüber nur wenig Aufschluß. Daher sind wir überwiegend auf die Berichte von Europäern angewiesen. Da solche Nachrichten für den frühen Islam fehlen, bleiben große Lücken.

Zusätzlich ergibt sich eine Hauptschwierigkeit aus dem schwankenden Wertverhältnis von Gold und Silber. Unter Darius gingen $13^{1}/_{3}$ Gramm

Feinsilber auf ein Gramm Feingold. In der Zeit der römischen Kaiser nach Konstantin war das Verhältnis 12:1. In den Zeiten vor dem Mongoleneinfall wurde Silber teurer, das Wertverhältnis stieg auf 10:1; ja es gab Epochen, wo Silber fast ganz aus dem Handelsverkehr verschwand und Kupfer alleiniges Zahlungsmittel wurde. Erst unter den mongolischen Ilchanen floß massenhaft Silber aus Innerasien in den Vorderen Orient, so daß das Silber-Gold-Verhältnis wie in der römischen Kaiserzeit wieder 12:1 war. Im 15. und 16. Jahrhundert herrschte eine Relation von 10:1. Danach sank der Silberpreis ständig, weil immer größere Mengen dieses Edelmetalls aus Südamerika über Spanien in den Orient strömten. Im einzelnen gab es zahlreiche, von Land zu Land wechselnde Schwankungen der orientalischen Gold-Silber-Relation, die sich häufig unsrer Beobachtung entziehen.

Wie haben wir nun bei der Umrechnung islamischer Währungen in Gold zu verfahren?

Zum Glück liefern die Goldprägungen von Florenz und Venedig einen geradezu idealen Ausgangs- und Festpunkt. Den Anfang machte Florenz im Jahre 1252 mit dem *fiorino d'oro* oder Floren, der aus 3,537 Gramm reinen Goldes bestand. Im Jahre 1284 folgte Venedig mit der genau gleichen Prägung des *ducato,* also ebenfalls aus 3,537 Gramm Feingold bestehend, weltweit bekanntgeworden als Zechine, abgeleitet von arabisch *sikka* „Münze". Die Zechine wurde zur längstlebigen Münze aller Zeiten. Sie wurde in Venedig in derselben Güte und im genau gleichen Typus geprägt bis zum Ende der Republik im Jahre 1797; dann übernahmen Ungarn und Österreich diese Prägung. Die Zechine bildete ein halbes Jahrtausend hindurch das wichtigste Zahlungsmittel im ganzen Vorderen Orient.

Welchen Goldpreis haben wir nun bei Florenen und Zechinen zugrundezulegen? Im Jahre 1871 prägte Deutschland Goldstücke im Wert von 10.– Mark; sie enthielten 3,5842 Gramm Feingold, also nur 0,047 Gramm mehr als Florenen und Zechinen. Daher schien es mir vertretbar, alle drei Münzsorten gleich zu bewerten, nämlich mit 10,– Goldmark (in diesem Buch durchgängig M abgekürzt) zu 100 Pfennigen (abgekürzt Pf). Dies ergibt für das Gramm Feingold einen Wert von 2.81 M.

Ein Vergleich mit der britischen Währung ergibt folgendes. Im Jahr 1821 wurde das *pound sterling* mit 7,322 Gramm Feingold bewertet, also mit 20.57 M gemäßig obigem Ansatz von 2.81 M je Gramm Feingold. Für die Zwecke des Wirtschaftshistorikers dürfte es ausreichen, den *shilling* mit 1.– M zu bewerten; genauer wäre 1.03 M.

In der Zeit vor 1914 hatte der französische *franc or* einen Wert von –.81 M.

Den auf Gold bezogenen *Silberpreis* gewinnen wir aus dem jeweils gültigen Gold-Silber-Wertverhältnis in den Ländern des islamischen Orients. Es unterschied sich in aller Regel von der entsprechenden Relation der beiden Edelmetalle in Europa; dieser Wertunterschied lud zu großen Geldgeschäften ein. Betrug in einem Land des islamischen Orients die Gold-Silber-Relation 1:10, so bewertet sich ein Gramm Feinsilber mit 28,1 Pf; betrug sie 1:12, galt ein Gramm Feinsilber 23,4 Pf – und so weiter. Wann immer aus den Quellen eine Verschiebung der Gold-Silber-Relation erkennbar wurde, ist sie in diesem Buche ausdrücklich erwähnt. Hier blieben jedoch Lücken, die nur durch weitere Forschungen geschlossen werden können.

Die *Numismatik* erweist sich, wie der Benutzer meines Buches bemerken wird, nur selten als Hilfsmittel bei der Ermittlung des Goldwertes von Silbermünzen. Theoretisch könnte man erwägen, alle islamischen Silbermünzen auf ihren Feingehalt hin zu prüfen. Früher mußten dazu Münzen für die chemische Untersuchung geopfert werden. Im Jahr 1968 ist jedoch ein Verfahren entwickelt worden, das auf Neutronen-Analyse beruht und die Münzen nicht beschädigt. Jere L. Bacharach und Adon A. Gordus haben dieses Verfahren, das bis auf 2 Prozent genau ist, in Ann Arbor (Michigan) erarbeitet.* Aber werden die Museen der Welt und die zahlreichen Besitzer von Münzsammlungen ihre Schätze dafür zur Verfügung stellen? Sie dürften den unvermeidlichen Aufwand an Zeit, Geld, Apparaturen und Mühen scheuen. Sinn aber hätten solche Unternehmungen nur, wenn sie *umfassend* durchgeführt würden.

Doch selbst dann blieben große Unsicherheiten bestehen. Die Münzen verraten ja, sofern sie gut erhalten sind, lediglich das Prägejahr; sie liefen aber lange Zeit hindurch um, und währenddessen konnte sich die Gold-Silber-Wertrelation verschoben haben, was den Wert der einzelnen Münzen in der Regel minderte, selten vermehrte. Auch trat durch Abnutzung sowie durch Kipper und Wipper eine Wertminderung ein, welche die Zeitgenossen bei ihren Geschäften berücksichtigten, wir aber nur schätzen können.

Fazit: Die für uns brauchbarsten Angaben liefern uns weder heimische Chroniken und Urkunden, obwohl ihr Wert nicht unterschätzt werden darf, noch die Numismatik, sondern die Berichte abendländischer Diplomaten, Kaufleute, Missionare und Pilgerreisender, wenn sie uns für einen bestimmten Ort in einem bestimmten Jahr angeben, wieviele Silberstücke

* Veröffentlicht in: Journal of the Economic and Social History of the Orient, Band 11, Leiden 1968, 298–317.

einer bestimmten Präge auf einen Floren oder auf eine Zechine gingen. Greifen wir ein Beispiel heraus: Berichtet ein Pilger, er habe im Jahr 1497 in Jerusalem für eine Zechine 26 Maydin bekommen, wissen wir, daß die *mu'ayyadī* genannte Silbermünze damals dort 38½ Pf galt. Diese selbe Münze konnte aber in Bagdad oder in Kairo etwas mehr oder etwas weniger gelten; wenn wir Glück haben, erfahren wir dies durch andere Europäer.

Insgesamt lassen sich die auf Gold bezogenen Werte der islamischen Silber- und Kupfermünzen des islamischen Orients vom 11. bis ins 19. Jahrhundert in hinlänglicher Zahl und ausreichend genau ermitteln. Auf diese Weise können wir die uns überlieferten Warenpreise, Löhne und sonstigen in den Quellen auftauchenden Geldbeträge über rund acht Jahrhunderte hin recht genau vergleichen. Diese Vergleiche bilden im großen Buch der orientalischen Kulturgegschichte zwar nur ein verhältnismäßig kleines Kapitel; dieses ist jedoch höchst aufschlußreich und gewährt geschichtliche Einblicke, die bisher verborgen geblieben sind.

Das vorliegende Buch weist zwangsläufig Lücken auf, die nur durch weitere Studien allmählich geschlossen werden können. Meine Zusammenstellung ist ein erster Versuch und lädt zu ergänzender Mitarbeit der Fachgenossen ein.

Göttingen, Sommer 1991 Walther Hinz

# Abkürzungen

| | | |
|---|---|---|
| Albèri | – | siehe unter E. Albèri, Relazioni |
| BSOAS | = | Bulletin of the School of Oriental and African Studies |
| BZ | = | Byzantinische Zeitschrift |
| Carmelites | = | A Chronicle of the Carmelites in Persia and the Papal Missions of the XVIIth and XVIIIth centuries, Volume II, London 1939 |
| E. Albèri, Relazioni | = | Le Relazioni degli Ambasciatori Veneti al Senato durante il secolo decimosesto, Seria III, Volume I, Florenz 1840, Volume II, 1844, Volume III, 1855. Herausgegeben von Eugenio Albèri |
| JA | = | Journal Asiatique |
| JAOS | = | Journal of the American Oriental Society |
| JESHO | = | Journal of the Economic and Social History of the Orient |
| MOG | = | Mitteilungen zur osmanischen Geschichte |
| Pegolotti | = | Della Decima e delle altre gravezze, Tomo terzo, contenente La Pratica della Mercatura scritta da Francesco Balducci Pegolotti, Lissabon/Lucca 1766 |
| Rabino | = | H. L. Rabino di Borgomale, Coins, Medals, and Seals of the Shâhs of Îrân, 1500–1941, London 1945 |
| Relazioni | – | siehe unter E. Albèri, Relazioni |
| Res. Fal. | = | Die Resālä-ye Falakiyyä des ʿAbdollāh Ibn Moḥammad Ibn Kiyā al-Māzandarānī, ed. W. Hinz, Wiesbaden 1952 |
| Rev. Num. | = | Revue Numismatique |
| Röhricht/Meisner | = | Reinhold Röhricht und Heinrich Meisner, Deutsche Pilgerreisen nach dem Heiligen Lande, Berlin 1880 |
| Schrötter | = | Friedrich Freiherr von Schrötter, Wörterbuch der Münzkunde, Berlin/Leipzig 1930 |

| | |
|---|---|
| TOEM | = Tarihi Osmanî Encümeni Mecmuası |
| Uzzano | = Della Decima e delle altre gravezze, Tomo quarto, contenente La Pratica della Mercatura scritta da Giovanni di Antonio da Uzzano nel 1442, Lissabon/Lucca 1766 |
| WdO | = Welt des Orients |
| ZDMG | = Zeitschrift der Deutschen Morgenländischen Gesellschaft |

## Anmerkung

Eigennamen orientalischer Herrscher sowie häufig vorkommende islamische Münz- und Gewichtsbezeichnungen werden in vereinfachter Umschrift angeführt.

# ÄGYPTEN - PALÄSTINA - SYRIEN

*Vorbemerkung*

Im Rahmen unsrer Untersuchung behandeln wir Ägypten, Palästina und Syrien als Einheit. Unterschiede einzelner Währungen werden jeweils deutlich gemacht.

874

Aus der Zeit, da Ägypten Bestandteil des ʿabbasidischen Chalifats war, ist mir bislang nur ein einziger Beleg (aus einem Papyrus) bekanntgeworden (K. W. Hofmeier, in: *Der Islam* 4, 1913, 100). Im Jahre 874 gingen 24 Dirham auf einen Golddinar. Dieser bestand theoretisch aus einem Mithqal (= 4,23 g) Feingold, was ihn (zu unserem Ansatz von 2.81 M für ein Gramm Feingold) mit 11,88 M bewerten würde. Das ist jedoch für jene Zeit unrealistisch; wahrscheinlicher ist ein Wert von etwa 10.80 M für den Golddinar. Dies ergäbe für den Silberdirham einen Wert von 45 Pf.

909–1171

Unter den schiitischen Fatimiden erlebte Ägypten eine Blütezeit. A. S. Ehrenkreutz (JAOS 76, 1956, 181) hat gezeigt, daß die Goldmünzen dieser Dynastie in aller Regel vollwichtig, also 4,23 g schwer waren und meist auch aus Feingold bestanden. Beispielsweise enthält seine Aufstellung von Dinaren des Fatimiden al-Āmir (1101–1130) 40 Dinare aus reinem Gold, 8 Dinare mit 99 v. H. Feinheit, 9 Dinare mit 98 v. H. usw. Daher gehe ich von einem mittleren Wert von 11.50 M für den fatimidischen Golddinar aus.

953–975

Bei al-Maqrīzī (an-Nuqūd al-Islāmiyya, Konstantinopel 1298/1881, 17) findet sich die Notiz, ein Golddinar des Fatimiden al-Muʿizz (953–975) habe 15½ Dirham gegolten; diese Dinare wurden nach ihm, dem Gründer von Kairo, *muʿizzī* genannt. Der damalige Silberdirham galt somit 74 Pf.

Gehen wir von einem wahrscheinlichen Feinsilbergehalt von 2,63 g aus, ergibt sich ein damaliges Gold-Silber-Verhältnis von 1:10. Denn bei einer solchen Relation bewertet sich das Gramm Feinsilber mit 28,1 Pf, was mit 2,63 multipliziert 74 Pf ergibt, also genau soviel wir errechnet haben. Wir nehmen dabei an, daß der Dirham unter al-Muʿizz 90 v.H. fein war.

975–996

Unter seinem Nachfolger al-ʿAziz (975–996) war der Dirham nur zwischen 81 und 88 v.H. fein gewesen. (So nach P. Balog, in: Rev. Num. VI,3, 1961, 122.) Daraus errechnet sich ein Dirhamwert von 67 Pf. Zwischen 981 und dem Ende der Regierung von al-ʿAziz gingen 20 Dirham auf den Golddinar (P. Balog, a.a.O. S. 114), was den Dirham nur noch mit 57¹/₂ Pf bewertet.

996–1021

Unter dem Fatimiden al-Hākim (996–1021) sank der Kurs des Dirham weiter. Im Jahre 1007 gingen 26 Dirham auf den Golddinar, was den Dirham mit 44 Pf bewertet. Bald danach mußte man 34 Dirham für den Dinar geben, was für den Dirham nur noch einen Wert von 34 Pf ergibt. (Belege bei P. Balog, a.a.O. S. 114.). Im Jahre 1008 wurden neue Silbermünzen geprägt, von denen nur 18 auf den Goldinar gingen; ein solcher neuer Dirkam galt somit wieder 64 Pf. (al-Maqrīzī, an-Nuqūd al-Islāmiyya S. 14.)

1021–1094

Unter den Fatimiden az-Zāhir (1021–1036) und al-Mustansir (1036–1094) bestanden die Dirhammünzen aus halb Silber, halb Kupfer. (P. Balog, a.a.O. S. 122.) Diese Billonmünzen wird man mit etwa 40 Pf bewerten dürfen.

1160–1171

Unter dem letzten Fatimiden ʿĀḍid (1160–1171) bestanden die Dirhammünzen nur noch zu etwa einem Viertel aus Silber (P. Balog, a.a.O. S. 123), bewerten sich also mit höchstens 20 Pf. Man nannte sie „schwarze Dirham“, weil sie so viel Kupfer enthielten.

1174–1193

Der Ayyubide Saladin suchte dem Währungsverfall zu steuern. Er gab die bisherige feste Wertrelation zwischen Gold- und Silbermünzen auf und ließ nur eine Silberwährung übrig; Gold wurde nach Gewicht bewertet. (P. Balog, a. a. O. S. 132.) Im Jahre 1187 erklärte Saladin die „schwarzen Dirham" für ungültig und ersetzte sie durch Münzen, die wenigstens wieder zur Hälfte aus Silber bestanden. Sie wurden nach seinem Ehrennamen an-Nāṣir 'der Sieghafte' *nāṣirī* genannt. (al-Maqrīzī, an-Nuqūd S. 15.) Dieser neue Dirham wog aber nur 2,46 g (statt 2,97 g). Ausgehend von etwa 1,23 g Feinsilber wird man den Saladin-Dirham vielleicht mit 35 Pf bewerten dürfen.

Saladin vermochte keine für Ägypten und Syrien einheitliche Silberwährung zu schaffen; die Silbermünzen *Syriens* waren und blieben weit besser als die ägyptischen. Unter Saladin wogen die syrischen Dirham 2,8 g und waren zu 94 v. H. fein. Einen syrischen Dirham werden wir daher mit etwa 74 Pf zu bewerten haben.

Zwar sank unter den folgenden Ayyubiden (also bis 1260) der syrische Dirham etwas ab, doch nicht unter 72 v. H. Feingehalt. (P. Balog, a. a. O. S. 129.) Sein Wert dürfte also auch am Ende der Ayyubiden-Herrschaft noch um 50 Pf betragen haben. – Nun wieder zurück nach Ägypten.

1218–1238

Der Ayyubide al-Kamil hob die Saladin-Dirham auf und verfügte im November 1225 die Prägung sogenannter *kāmilī*-Dirham. Weil die Aufschrift auf den Münzen jetzt rund gestaltet war, nicht mehr rechteckig wie bisher, hießen sie auch *mustadīra* („rund"). Sie sollen zu zwei Dritteln aus Silber, zu einem Drittel aus Kupfer bestanden haben. So wenigstens berichtet al-Maqrīzī (an-Nuqūd al-Islāmiyya, Konstantinopel 1298/1881, S. 15). A. S. Ehrenkreutz (in BSOAS 16, 1954, 504) hat aber zu Recht darauf hingewiesen, daß die Neuprägung amtlich mit 37 Dirham je Golddinar, später mit 35 Dirham je Dinar, bewertet wurde, „which would amount to only 32.4 per cent and 34.2 per cent silver respectively". Bei einem Kurs von 37 *kāmilī*-Dirham je Dinar galt der Dirham somit 31 Pf, bei 35 Dirham je Dinar 32⁴/₅ Pf. P. Balog (in: Rev. Num. VI, 3, 1961, 130) stellte fest, daß die *kāmilī*-Dirham sogar nur zu 27 v. H. aus Silber bestanden, wie chemische Untersuchungen ergaben. So werden wir von einem Wert von 32 Pf für den *kāmilī*-Dirham auszugehen haben. Er war also noch etwas weniger wert als der von al-Kamil „aufgehobene" Saladin-Dirham, den wir mit immerhin 35 Pf bewerten. Natürlich blieben die Saladin-Dirham auch weiter in Umlauf.

Unter al-Kamil gingen nach al-Maqrīzī (bei H. Sauvaire, in: JA 1880, 259–261) 48 *fulūs* (Kupfer-Follis) auf den Dirham. Das ergäbe für den *fals* einen Wert von nur 2/3 Pf.

Derselbe Gewährsmann (a. a. O.) berichtet, der Kupfer-*fals* habe am Ende der Ayyubiden-Herrschaft (in Ägypten 1252) 1 Mithqal = 4,23 g gewogen; 24 dieser *fulūs* seien auf den Dirham gegangen. Dies bewertet den *fals* mit 1 1/3 Pf. Da aber im gleichzeitigen Persien 1 g Kupfer ziemlich genau 1 Pf kostete, erscheint diese Angabe zweifelhaft; der *fals* wog vielleicht nur einen halben Mithqal, oder noch weniger.

1240

Nach einer Notiz in den Chroniken der Patriarchen von Alexandria (angeführt von A. S. Ehrenkreutz in: BSOAS 16, 1954, 504) gingen von den „schwarzen Dirham" (auch *waraq* 'Blatt' genannt), also von den alten, überwiegend aus Kupfer bestehenden Dirham, 35 1/4 auf den Golddinar, galten somit 32 3/5 Pf.

1250–1390

Die Baḥrī-Mamluken erbten in Ägypten und Syrien das Währungssystem der Ayyubiden. Wegen der außerordentlichen Silberverknappung bestand die Masse des umlaufenden Geldes anfangs nur noch aus Kupfermünzen.

1260–1277

Im Jahre 1260 ließ Sultan Baibars Dirham prägen, die zu 70 v. H. aus Silber und zu 30 v. H. aus Kupfer bestanden und nach ihm *ẓāhirī*-Dirham genannt wurden. Von ihnen gingen 28 1/2 auf den Golddinar. (al-Maqrīzī, an-Nuqūd al-Islāmiyya, Konstantinopel 1298/1881, S. 15.) Von einem damaligen Dinar-Wert von etwa 11.50 M ausgehend, errechnet sich der neue Dirham auf 40 Pf.

Da eine solche Münze etwa 1,8 g Feinsilber enthielt, hätte sie bei einer bisherigen Gold-Silber-Relation von 1:10 einen Wert von 50 Pf haben müssen; wir errechneten jedoch soeben einen Wert von nur 40 Pf. Dies erklärt sich daraus, daß Silber jetzt wieder billiger geworden war und das Gold-Silber-Verhältnis sich auf 1:12 verschoben hat, wie wir auch im persischen Ilchanreich beobachten konnten.

1280–1295

Unter den Mamluken al-Mansur Qılawun bis al-ʿĀdil Kaitbugha gingen $25^1/_2$ Dirham auf den Golddinar. (E. Quatremère, Histoire des Sultans Mamlouks II, Paris 1842, Teil 2, S. 168.) Dies bewertet den Dirham mit 45 Pf.

1296

Ab dem Jahre 1296 wurde in Ägypten Kupfergeld, weil es überhandgenommen hatte, nach Gewicht berechnet. Der *fals* sollte jetzt einen Gewichtsdirham wiegen, also 3,125 g. Der Wert der *fulūs* im Gewicht von 1 *raṭl* = 450 g wurde auf zwei Silberdirham festgesetzt, d. h. für 144 *fulūs* zu je 3,125 g. Demnach kostete ein Kupfer-*fals,* indem wir von einem Dirhamwert von 45 Pf ausgehen, 0,625 Pf. (al-Maqrīzī bei H. Sauvaire, in: JA 1880, 269.)

1299–1340

Im Jahr 1300 kam unter Sultan an-Nāsir Muhammad während dessen zweiter Regierung in Kairo durch die Rüstungen gegen die Mongolen so viel Geld zusammen, daß nur noch 17 Dirham auf den Golddinar gingen. (E. Quatremère, a. a. O. II, 2, 168.) Der Silberdirham galt also $67^3/_5$ Pf. Daher wurde er amtlich neu festgesetzt, und zwar sollte ein Golddinar 20 Dirham gelten. Der Dirham hätte demnach einen amtlichen Kurswert von $57^1/_2$ Pf gehabt.

Im Jahre 1306 wurde der Preis für 1 *raṭl* Kupfergeld von 2 auf $2^1/_2$ Dirham erhöht. (E. Quatremère, a. a. O. 255.) Gehen wir von dem 'amtlichen' Dirhamwert von $57^1/_2$ Pf aus, wäre der Preis von 1 *fals* jetzt genau 1 Pf gewesen. Diesem Kupferwert begegnen wir in der islamischen Währungsgeschichte mehrfach.

Aus der dritten Regierungszeit des Mamlukensultans an-Nāsir Muhammad, und zwar aus der Zeit um 1335, stammt der aufschlußreiche Bericht von F. B. Pegolotti (in: Della Decima e delle altre Gravezze, Bd. III, Lissabon/Lucca 1766, 58.) Danach bestanden die damaligen, im Gewicht ungleichen Dirham Ägyptens zu zwei Dritteln aus Silber. Von ihnen gingen 23 bis 25 auf den Golddinar, den Pegolotti mit $1^1/_6$ *fiorino* bewertet, also mit 11.66 M. Dies ergibt für den damaligen ägyptischen Dirham die zuverlässigen Werte zwischen 50,7 und 46,6 Pf. al-ʿUmarī (bei E. Quatremère, Notices et extraits XIII, 244) bemerkt dazu: „Obwohl die [persischen Derham] weniger wiegen als die Dirham Ägyptens und Syriens, haben sie doch gleichen Kurswert, da ihr Metall sehr rein ist." Den damaligen persischen Derham, also aus der Zeit um 1335, haben wir jedoch zu nur 32 Pf ermittelt; al-ʿUmarī meinte also offenbar die früheren, rein silbernen Derham-Prägungen der Ilchane Ghazan Chan und Öldjeitü. Ein solcher Derham der Zeit zwischen 1300 und 1317 galt 49 Pf.

1356

Nähere Angaben über das ägyptische Kupfergeld jener Zeit finden sich bei al-Qalqašandī (Ṣubḥ al-Aʿšā Bd. III, Kairo 1332/1914, 443 f.). Er unterscheidet gemünzte und ungemünzte *fulūs*. Gemünzte *fulūs* gingen 48 auf den Dirham; ein solcher *fals* galt also ungefähr 1 Pf. Im Jahre 1356 seien neue *fulūs* von je 1 Mithqal (4,23 g) Gewicht geprägt worden; von diesen gingen 24 auf den Dirham, ein *fals* galt also etwa 2 Pf. Später sank der *fals* im Gewicht unter den Gewichtsdirham von 3,125 g. Die *fulūs* waren nicht rund. Auf der Waage gewogen galten 118 *raṭl* (= 53,1 kg) 500 Dirham; später galten soviel bloße 111 *raṭl* (= 49,95 kg).

1375

Der von uns bei diesen Berechnungen zugrunde gelegte ägyptische Dirhamwert von 48 Pf erhält eine Bestätigung durch eine Notiz von Ibn Ḥaǧar (Inbāʾ al-ġumr, İstanbuler Handschrift der Yeni Cami Nr. 814, Bl. 11a, zitiert von E. Strauß in Rev. des Études Islamiques, 1949, 69, Anm.), wonach im Jahre 1375 auf den Golddinar 23 4/5 Dirham gingen. Bei unserem Ansatz von 11.50 M für den damaligen Golddinar ergibt sich für den Dirham ein Wert von genau 48,3 Pf.

1384

Im Jahre 1382 wurde die Herrschaft der Baḥrī-Mamluken – mit einer kurzen Unterbrechung 1389 – durch die Burǧī-Mamluken abgelöst, deren Herrschaft bis zur Eroberung Ägyptens durch die Osmanen im Jahre 1517 währte.

Über die damalige Währung in Kairo berichtet L. di N. Frescobaldi (Viaggio, Rom 1818, 93 f.): „L'oro chiamano bisante, e vale il pezzo ducato uno e un quarto di zecca." Demnach hätte das 'bisante' genannte Goldstück den Wert von 1 1/4 Zechine = 12.50 M gehabt, was für den ägyptischen Dinar entschieden zu hoch erscheint; nach unseren Berechnungen galt er 11.50 M. „La moneta d'ariento chiamano daremi, e vale l'uno quanto un grosso Viniziano." Ein ägyptischer Silberdirham galt also einen venedischen *grosso.* Nach den Derby Accounts (ed. L. T. Smith, London 1894, 225 und 227) gingen damals (1392) 18 *grossi* auf die Zechine von 10.– M, was den *grosso* und damit den ägyptischen Dirham von 1384 mit $55^{1}/_{2}$ Pf bewertet. Auch dies will uns als überbewertet erscheinen.

Über das damalige Kupfergeld in Kairo berichtet Frescobaldi: „Hannovi una moneta di rame senza conio [ungemünztes Kupfergeld], ch'essi chiamano folari (*fulūs*). In novanta di questi vagliono nel Cairo un daremo, ma altrove per lo paganesimo vagliono dove trenta e dove quaranta e dove più e dove meno per daremo." Wenn wirklich in Kairo 90 *fulūs* auf den Dirham von $55^{1}/_{2}$ Pf gingen, galt ein solcher ungemünzter *fals* nur 0,617 Pf. Im 'Heidenland' gingen teils 30 auf den Dirham (also 1 *fals* = 1,85 Pf), teils 40 (1 *fals* = 1,38 Pf). Offenbar waren diese ungemünzten Kupfergeldstücke ganz verschieden schwer.

1390–1400

Nach E. Strauss (in: Revue des Études Islamiques 1949, 69 Anm.) gingen damals 25 Dirham auf den Dinar. Zu unserem seitherigen Satz von 11.50 M für den Golddinar ergibt sich für den damaligen Dirham ein Wert von 46 Pf.

1405

Damals sank in Ägypten die Währung so sehr ab, daß jetzt 250 *dirham-fulūs* auf den Golddinar gingen; ein solcher 'Dirham' galt also nur noch $4^{3}/_{5}$ Pf und bestand zu neun Zehntel aus Kupfer. (al-Maqrīzī bei H. Sauvaire, in: JA 1880, 269.)

1406–1438

Der erste Mamlukensultan, der Golddinare im Gewicht von 54 Gran (3,499 g) prägte, war an-Nāsir Faradj während seiner zweiten Regierung (1406–1412). Diese gegenüber den alten Dinaren um 1,2 g leichteren Goldmünzen kamen jedoch erst unter al-Ashraf Barsbay (1422–1437) in allgemeinen Umlauf und hießen nach ihm *ašrafī.* Diese Bezeichnung verbreitete sich weithin und blieb lange in Gebrauch. (Rabino S. 14 Anm. 3.)

Die Bewertung des *ašrafī* entnehmen wir der Notiz von G. di A. da Uzzano ums Jahr 1442 in seiner Pratica della Mercatura S. 110. Er legt dieser ägyptischen Goldmünze den alten Namen 'bisante' [Byzantiner] bei und bezeichnet sie als „meglio grani 2 del ducato". Das wären also $^{62}/_{60}$ Dukaten = 10.30 M.

1412–1421

Im Jahre 1412 wurden in Ägypten die sogenannten *nuqra-dirham* eingezogen, die früher geprägt wurden und nur noch ein Zehntel Silber enthielten; diese begegneten uns oben unter der Bezeichnung *dirham-fulūs* im Sinne von 'Dirham [fast ganz] aus Kupfer', während *nuqra* eigentlich 'Silber' bedeutet. Dieses berichtet as-Suyūṭī (bei H. Sauvaire, in: JA 1882, 64). An die Stelle der *nuqra-dirham* traten wieder neugeprägte *dirham-fulūs,* von denen 240 auf den Golddinar von 11.50 M (alter Prägung) gingen; sie galten also je 4,8 Pf. (Ibn Taġribirdī, an-Nuǧūm aẓ-Ẓāhira, ed. W. Popper, VI 272.) Noch unter demselben Mamlukensultan, nämlich al-Mu'ayyad, sank der Kurs dieser *dirham-fulūs* auf 280 für den Dinar (a. a. O. VI 356), also auf 4,1 Pf.

Da befahl al-Mu'ayyad im Dezember 1414, silberne Halbdirham-Münzen zu prägen, die am 5. Mai 1415 in Umlauf gesetzt wurden. Sie waren zwar nur 1,45 g schwer, bestanden aber aus reinem Silber. Sie hießen anfänglich *niṣf* = „Halb[dirham]", oder nach dem Sultan *mu'ayyadī.* (al-Maqrīzī, an-Nuqūd al-Islāmiyya, Konstantinopel 1298/1881, 16; derselbe, Šuḏūr al-ʿUqūd, ed. Mayer, S. 13, zitiert von E. Strauss, in: Rev. des Étud. Islamiques, 1949, 52; dort auch al-ʿAinī, ʿIqd al-Ǧumān, Hs. İstanbul, Carullah Nr. 1591, Bl. 732 a, 749 a, 762 b.) Diese Silbermünze hatte bleibenden Erfolg und war in Ägypten, Syrien und Palästina selbst noch unter den Osmanen lange die gängige Silberwährung.

Wie haben wir den *mu'ayyadī* zu bewerten? Die Gold-Silber-Relation war von 1 : 12 wieder auf 1 : 10 zurückgegangen, d. h. Silber war teurer geworden. Gehen wir von einem Gewicht des *mu'ayyadī* von 1,45 g (also von einem halben Dirham) aus, so ergibt sich - das Gramm Feinsilber mit 28,1 Pf (= einem Zehntel des Preises von einem Gramm Feingold = 2.81 M) berechnet - ein Wert von 40,7 Pf. Nach al-Maqrīzī (bei H. Sauvaire, in: JA 1880, 422) gingen im Jahr 1418 auf einen *dīnār afrīqī* 30 *mu'ayyadī.* Der maghrebinische Golddinar war von allen islamischen Goldmünzen die höchstwertige und galt 12.50 M. Daraus folgt für den *mu'ayyadī* ein Wert von 41,7 Pf. Somit werden wir von einem Mittelwert von 41 Pf auszugehen haben.

1442

Schwierigkeiten bereitet der Bericht von Giovanni di Antonio da Uzzano in seiner Pratica della Mercatura (= Band IV von Della Decima e delle altre Gravezze, Lissabon/Lucca 1766, 113). Er sagt: „30 mardi vale uno ducato, e molte volte più, o meno, ma 30 è il corso." Das würde den *mu'ayyadī* („mardi“) mit nur 33 1/3 Pf bewerten. Allerdings bezieht sich diese Angabe auf Damaskus, nicht auf Kairo. Den Kupfer-*fals* bewertet er mit 1/10 mardi, was für den *fals* 3 1/3 Pf ergäbe. Weiter: „Cento follari di rame vale dremi 11“, was für den damaligen Dirham 30,27 Pf ergäbe. Wir werden vorläufig diese Angaben nur auf Syrien beziehen dürfen, nicht auf Ägypten.

1450

Damals gingen (nach E. Strauss, in: Revue des Études Islamiques, 1949, 69 Anm.) 350 ägyptische *dirham-fulūs* auf den Dinar; ein *dirham-fals* galt also 3,28 Pf. Ein *niṣf* oder *mu'ayyadī* galt 12 solche *dirham-fulūs*, also 39,4 Pf, was unserem ursprünglichen Wert von 41 Pf recht nahekommt.

1453–1461

Unter dem Mamlukensultan al-Ashraf Inal sanken die *dirham-fulūs* weiter ab. Im Jahre 1456 setzte er den Kurs amtlich auf 300 für den (alten) Golddinar fest; in Wahrheit war der Kurs 370, was den *dirham-fals* mit 3,1 Pf bewertete. Im Jahr darauf, also 1457, sprang der Kurs hoch auf 400 bis 420, was den *dirham-fals* mit 2,87 bis 2,73 Pf bewertete. Im Jahr 1458 gab man sogar 460 *dirham-fulūs* für den Dinar, obschon der Sultan ihn auf 300 herabdrücken wollte. (Ibn Taġribirdī, an-Nuǧūm aẓ-Ẓāhira, ed. W. Popper, VII, 473 f., 481, 496.) Nach dem niedersten Kurs galt der 'Kupfer-Dirham' also nur noch 2 1/2 Pf.

1479

Unter Sultan Qa'it Bay (1468–1496) stabilisierte sich die Währung. Sebald Rieter (Das Reisebuch der Familie Rieter, ed. R. Röhricht/H. Meisner, Tübingen 1884, 147) berichtet: „[In Ägypten] ist ein silbren müntz, dy der Soldan [der Mamluken] schlecht, medyn genannt, der gelten 25 ein seraphh oder ein Ducaten.“ Da ein *ašrafī* („seraphh“) 10.30 M wert war, galt im Jahre 1479 der *mu'ayyadī* („medyn“) wie eh und je 41,2 Pf. „Item mehr in des Soldans land ein silbren müntz, deremy genannt, der gelten 2 ein medyn oder 50 einen seraphhy.“ Es gab jetzt also damals einen Silberdirham („deremy“), der einen halben *mu'ayyadī* = 20,6 Pf galt. Diese Dirham waren aber offensichtlich auf Syrien beschränkt, wie auch die von

Uzzano (unter dem Jahr 1442) erwähnten und damals mit 30,27 Pf bewerteten Silberdirham.

„Item mehr in des Soldans land ein kupfren müntz, volery (follari, *fulūs*) genannt, dy man bey dem gewicht nympt und aussgibt, und der kumen bey 23, 24 oder 25 für ein medyn." Der Kupfer-*fals* galt somit 1,8 Pf, 1,7 Pf oder 1,65 Pf.

„Item zu Alkeyro und Allexandria nennet man deremy, der gelten 12 ein medin oder zwen volery für ein deremy gerechnet." Diese ägyptischen „deremy" waren keine Silbermünzen, sondern die uns inzwischen wohlbekannten *dirham-fulūs,* von denen 12 auf einen *mu'ayyadī* gingen; ein *dirham-fals* galt also 3,43 Pf oder zwei Kupfer-*fals.*

In Syrien/Palästina galt der *mu'ayyadī* offenbar eine Kleinigkeit weniger als in Ägypten. Denn im selben Jahr 1479 berichtet Johannes Tucher, der Reisegefährte von Sebald Rieter (im Reyssbuch des heyligen Lands, ed. S. Feyrabend, Frankfurt 1584, S. 362b): „wechsel zu Jerusalem 3. oder 4. Ducaten newe Madin / der gibt man 25. vnnd einen halben für ein Ducaten de Zicka [Zechine] / sonst gelten die nur 25. zu S. Catharina / vnnd vnterwegen find man nichts zu wechseln / vnnd nimmet auch keine ander Müntz denn Madin / die der Soldan [der Mamluken] leßt schlagen." In Jerusalem galt der *mu'ayyadī* („Madin") also 39,2 Pf, im St. Katharinen-Kloster immerhin 40 Pf.

1482–1484

In diesen Jahren galt in Palästina der *mu'ayyadī* weiterhin 40 Pf. Walter von Guglingen (Itinerarium in terram sanctam, ed. M. Sollweck, Tübingen 1892, 148) berichtet vom Jahr 1482: „unum [di]remum i. e. medium meydinum; et duo meydini faciunt blaphardum." Dies besagt: Ein Silberdirham Syrien/Palästinas galt einen halben *mu'ayyadī* = 20 Pf; für den Blaffert oder Blaphart (Halbgroschen, vgl. Schrötter S. 76) ergibt sich daraus ein Wert von 80 Pf.

Im Jahr 1483 schreibt Bernhard von Breitenbach (im Reyssbuch dess heyligen Landes, ed. S. Feyrabend, Frankfurt 1584, S. 109 a): „welcher Madynen fünff vnd zwentzig ein Ducaten machen", was den *mu'ayyadī* mit 40 Pf bestätigt. In Ramla allerdings erhielt Bernhard von Breitenbach (s. R. Röhricht/H. Meisner 141, 145) für einen Dukaten 26 „modyne", was den *mu'ayyadī* mit 38½ Pf bewertet.

In Jerusalem gingen im Jahr 1484 weiterhin 25 „madini" auf den Dukaten (Fratris Felicis Fabri Evagatorium in Terrae Sanctae, ed. C. D. Hassler, I, Stuttgart 1843, 387), was den *mu'ayyadī* abermals mit 40 Pf bestätigt.

1495

In diesem Jahr, also am Ende der Herrschaft Qa'it Bays, gingen in Ägypten 300 dirham-fulūs auf den Golddinar. (E. Strauss, in: Rev. des Ét. Islamiques, 1949, S. 69 Anm.) Mit diesem Dinar ist offensichtlich nicht mehr der 'alte' Dinar von 11.50 M, sondern der *ašrafī* von 10.30 M gemeint; der *dirham-fals* galt somit 3,43 Pf, wie auch Sebald Rieter vermerkt hatte.

1497

Unter dem Mamlukensultan an-Nāsir Muhammad (1496–1498) gingen in Ägypten auf den Dukaten 26 *mu'ayyadī;* dieser bewertete sich somit mit 38½ Pf. (Die Pilgerfahrt des Ritters Arnold von Harff, ed. E. von Groote, Cöln 1860, 78 und 94.)

1507

Martin Baumgarten von Breitenbach (Peregrinatio in Aegyptum, Arabiam, Palaestinam et Syriam, Nürnberg 1594, 97) berichtet in einer Randnotiz: „Precium Maydini nobis ferè quatuor crucigeri." Den Kreuzer dürfen wir nach anderen Belegen etwa mit 8⅓ Pf bewerten, was für den *mu'ayyadī* 33⅓ Pf ergäbe.

1517

In diesem Jahr eroberte der Osmanensultan Selim I. Yavuz Ägypten und beendete damit die Mamlukenherrschaft. In Ägypten, Palästina und Syrien blieben jedoch die seitherigen Währungen weiterhin bestehen, lediglich durch osmanisches Gold- und Silbergeld ergänzt. Zu letztem sei auf den Abschnitt *Osmanenreich* verwiesen. Hauptmünze blieb aber der *mu'ayyadī,* allerdings gegenüber früher im Werte abgesunken.

1518

Ein Beleg aus dem Jahr nach der Eroberung Ägyptens durch die Osmanen besagt, ein „medincq" sei in Jerusalem gleich einem *patart* (Patard, der südniederländische Stuiver [Stüver], vgl. Schrötter S. 488) gewesen. (J. Le Saige, Voyage à ... Jérusalem et autres saints lieux, Nouvelle édition, ed. H.-R. Duthillœul, Douai 1851, 100.) Doch wieviel war der Patard damals im Orient wert? Le Saige sagt (a. a. O.), in Jerusalem seien damals 4½ venedische marcelli = 30 gros tournois gewesen. Da 12⅖ marcelli eine Zechine galten (Le Voyage de la Saincte Cyté de Hierusalem, S. 26), errechnet sich der damalige marcello auf 80,645 Pf, der gros tournois auf 12,1 Pf. Der Herausgeber des Reisebuches von J. Le Saige gibt auf S. 217 in einer Anmerkung an, ein Patard habe 2 gros tournois gegolten. Demgemäß errechnet sich der Patard und damit auch der *mu'ayyadī* von 1518 auf 24¹/₅ Pf. Dies dürfte allerdings etwas zu niedrig sein.

1519

Ludwig Tschudi von Glarus (Reyß und Bilgerfahrt zum Heyligen Grab, Rorschach 1606, 111) nennt den „Medin" einen „heidnischen Silbernen pfenning / deren vier wegen ein Lot / unnd acht ein Untz / ist jeder ein quintlein schwer / wie vor Zeiten ein Römischer Denarius, das ist ein zehner pfenning." „Zehen Medin" seien in Lydda (Palästina) auf einen guten ungarischen Dukaten gegangen. Das ergäbe für den *mu'ayyadī* einen Wert von 93 Pf, was unmöglich ist. Vielleicht hat L. Tschudi diese Münze mit dem *šāhī* verwechselt; aber auch das ergäbe einen abweichenden Wert.

1532

Nach Denis Possot (Voyage de la terre sainte 1532, Paris 1890, 153) gingen damals drei „maidins" auf den marcello, den wir oben mit 80,645 Pf ermittelten. Dies ergibt für den *mu'ayyadī* 26,9 Pf.

1565

J. Helffrich (im Reyssbuch dess heyligen Lands, ed. S. Feyrabend, Frankfurt 1584, S. 378 b) bewertete 132 „Maiettin" mit drei Dukaten, was für den *mu'ayyadī* im damaligen Jerusalem 22,7 Pf ergibt. Da er (auf S. 380 a) 9 Zechinen mit 14¹/₂ Taler bewertet, galt dieser nicht mehr 6.66 M, wie es bei einem Gold-Silber-Verhältnis von 1 : 10 der Fall war, sondern nur 6.20 M, was eine Gold-Silber-Relation von etwa 1 : 10¹/₂ anzeigt, also eine leichte Verbilligung des Silbers.

1566

Chr. Fürer von Haimendorff (Reis-Beschreibung, Nürnberg 1646, 206) bekam in Jerusalem 40 „Maydin" für einen Dukaten; der *mu'ayyadī* galt also 25 Pf.

1568

F. Pigafetta (bei J. von Hammer, Geschichte des Osmanischen Reiches III, Pest 1828, 763) berichtet: „Valendo il Sultanino, quanto il ducato zecchino Veneziano cioè 41 Maedini." Der *mu'ayyadī* galt in Ägypten also 24²/₅ Pf.

1574

L. Rauchwolff (in: Reyßbuch deß heyligen Lands, ed. S. Feyrabend, Frankfurt 1584, 281 a und 294 b): „Ihrer Münzen habe ich vornehmlich dreierlei Sorten gesehen, als Aspern [= türkische *aqče*], Medin [*mu'ayyadī*] und Saijet [*šāhī*], die von gutem Silber und durch die ganze Türkei aus gangbar sind. Von Goldmünzen haben sie meistens nur Ducaten [*ašrafī*], welche von gutem pur lauterm Gold gar lind und bügig sind. Außer diesen findet man nicht bald weiter andere Münzen außer venetianische Ducaten, französische testons und gute alte Joachimsthaler, deren sie soviel haben, dass oftmals in denen allein große Wechsel bei ihnen erlegt werden und also auch in die ihren vermünzt werden." Auf Seite 227b bewertet L. Rauchwolff 4¹/₂ *mu'ayyadī* mit 3 Batzen, den *šāhī* (S. 294b) ebenfalls. Im Vergleich mit parallelem Material ergibt sich daraus: 1 *mu'ayyadī* = 25 Pf, 1 *šāhī* (keine persische Münze!) = 1.25 M, 1 Batzen = 41²/₃ Pf.

1576

In Syrien gingen damals 40 „Medin" auf den Dukaten; 10 „Medin" waren einen halben Gulden wert, ein „Medin" galt etwa drei Kreuzer, und 135 Dukaten waren gleich 150 deutsche Kronen. (Reisen und Gefangenschaft Hans Ulrich Kraffts, ed. K. D. Haßler, Stuttgart 1861, 167 f., 205 und 237.) Dies ergibt für den *mu'ayyadī* einen Wert von 25 Pf, für den Gulden 5.- M, für die Krone 9.- M, für den Kreuzer 8¹/₃ Pf.

1577

Salomon Schweigger (Gezweyte neue nutzliche ... Reiss-Beschreibung, Nürnberg 1664, 267): „In Ägypten, Palästina und Syrien gehen allein die türkischen Dukaten, die Schahi, item die Meidin, eine silberne Münze, in Grösse wie ein halber Batzen, deren 5 tun einen Schahi. Ein Meidin aber macht 1¹/₂ Asper. Item eine dicke kupferne Münze wie ein Dreikreuzer, heisst Folli, deren 6 machen einen Meidin, item halbe Folli, da 12 auf einen Meidin gehen." Nach Schweiggers Angaben über die Türkei war ein *aqče* (Asper) 16²/₃ Pf; hieraus folgt für den *šāhī* ein Wert von 1.25 M, für den *mu'ayyadī* (Meidin) von 25Pf. Ein Kupfer-*fals* (Folli) galt 4,166 Pf, ein halber *fals* 2,08 Pf.

1578

Nach Lupold von Wedell (ed. Bär, in: Baltische Studien 45, 1895, 157) gingen in Palästina 40 bis 41 „modin" auf eine Zechine; der *mu'ayyadī* wurde also mit 24²/₅ bis 25 Pf bewertet.

1579

Eine Bestätigung aus Ägypten liefert C. de Pinon (Relation du voyage en Orient, in: Revue de l'Orient Latin, 12, 396): „Ils ont à la façon des Syriens en lieu d'aspres, des pieces d'argent fin, qu'ils nomment *Mäedins,* desquels il en faut quarante pour faire un ducat." Auch dies bewertet den *mu'ayyadī* mit 25 Pf. „Ils ont aussy des grosses pieces de cuivre, qu'ils nomment folleri, desquels six font un mäedin." Der Kupfer-*fals* galt also wie erwähnt 4,166 Pf.

1579

Hans Jacob Breuning von und zu Buochenbach (Orientalische Reyß, Straßburg 1612, 125) berichtet vom damaligen Münzwesen Ägyptens, Aspern (türkische *aqče*) seien dort nicht „gäng oder läuffig / sondern gebrauchen eine andere silberne Müntze *maietin* genannt." Von ihnen gingen 40 auf den Dukaten, was den ägyptischen *mu'ayyadī* mit 25 Pf bewertet. „Item Schahi, so auch eine silberne Müntze / und thun acht Schahi einen Dukaten", was den *šāhī* mit 1.25 M bewertet. „Daneben haben sie auch eine Kupfferne Müntze / deren sechs ein *maietin* machen /*folari* genant / dazu auch halbe *folari,* deren zwölff ein *maietin* thun." Der ägyptische Kupfer-*fals* galt somit 4,16 Pf, der halbe 2,08 Pf.

Für das damalige Syrien berichtet derselbe Breuning (a. a. O. S. 274), in Tripoli seien 42 „maietinen" auf den Dukaten gegangen, was den dortigen *mu'ayyadī* mit 23,8 Pf bewertet, in Aleppo sogar 48, was für diesen nur einen Wert von 20,83 Pf ergibt. In Tripoli habe der Saieten soviel gegolten wie 5¹/₂ „maietinen"; dies bewertet den *šāhī* mit 1.30 M. Von den türkischen Aspern (*aqče*) seien in Tripoli 60 auf den Dukaten gegangen, was den *aqče* in Syrien mit 16²/₃ Pf bewertet. Die syrische Kupfermünze nennt Breuning *Burbus;* sie galt nur ¹/₅₀ *mu'ayyadī,* also 0,476 Pf.

1580

Nach Juan Ceverio de Vera (Viaie de la tierra santa, Madrid 1597, 24b) galt eine Zechine etwas mehr als 14 reales; 2 reales galten 6 maidines (S. 96a); eine Zechine (10.- M) galt 45 Maydines der Prägung von Kairo (S. 169a/b). Dies bewertet den ägyptischen *mu'ayyadī* mit 22,2 Pf, den spanischen real mit 66²/₃ Pf; 14 reales galten somit 9.33 M - also war die Zechine wie vermerkt „etwas mehr" wert als 14 reales (nämlich 10.- M).

1584

William Barret berichtet aus Aleppo (in: Hakluyt Extra Series VI, 10): „The currant mony of Babylon [Kairo] are Saies, which Say is 5 medines, as in Aleppo, and 40 medines being 8 Saies make a duckat currant, and 47 medines passe in value as the duckat of gold of Venice, and the dollars of the best sort are worth 33 medines." Dies ergibt für den *mu'ayyadī* den genauen Wert von 21,27 Pf, für den *šāhī* von 1.06 M, für das heimische Goldstück, den *ašrafī*, von 8.51 M, und für den Taler 'bester Sorte' von 7.02 M. Aus Alexandria heißt es (a.a.O. V, 273): „And 4 roials are woorth 13 Medines, and 2 Medins are 3 Aspers." Dies ergibt für den spanischen *real* 69 Pf, also 2¹/₂ Pf mehr als in der voraufgehenden Notiz errechnet. Der türkische *aqče* galt demgemäß 14,18Pf.

1586

G. Zuallardo (Il devotissimo viaggio usw., Rom 1587, 334) berichtet: „In Tripoli et per tutto quel paese [Syrien] corre quasi ogni sorte di moneta, d'oro, et d'argento, et le lor monete sono Maidini, et aspri; de i detti Maidini ne uanno 5 et degli Aspri 8 nel Saia. Il scudo d'oro vale 60 di quelli Maidini. Il zechino di Venetia ... ne uale 73 o 75, i Dalderi, et Reali da otto di Spagna, 45."

Hieraus folgt: Da 73 bis 75 *mu'ayyadī* („Maidini") auf die Zechine gingen, galt ein *mu'ayyadī* 13,7 Pf bis 13¹/₃ Pf. Hier begegnen uns - in *Syrien* - erstmals halbierte *mu'ayyadī*, während in Ägypten die früheren Münzen in etwa weitergeprägt wurden, also rund das Doppelte wert waren. Auf den *šāhī* („Saia") gingen 5 solche 'halbe' *mu'ayyadī*; der *šāhī* galt also 66²/₃ Pf bis 68¹/₂ Pf. Auch er war somit halbiert worden.

Der Taler und der spanische *realo da ocho* (von den Briten 'piece of eight' genannt) galten 45 *mu'ayyadī* = 6.- M. Dies erweist ein neues Gold-Silber-Verhältnis von 1:11. Silber war also zwar etwas billiger geworden, doch erklärt dieser Unterschied nicht die Verschlechterung der

Silbermünzen Syriens, die auf die osmanischen Machthaber zurückgehen dürfte.

1587

Bestätigt wird die Münzverschlechterung Syriens durch B.W. von Waltersweil (Beschreibung einer Reise aus Teutschland biss in das gelobte Land Palaestina, München 1608, 61 f.). Nach ihm gingen 16 bis 17 „Sayae" (*šāhī*) auf die Zechine; also galt ein *šāhī* 58,8 bis 62½ Pf. Auf den *šāhī* gingen wie immer 5 „Maidin"; ein *mu'ayyadī* galt somit etwa 12 Pf. Beide Sorten von syrischen Silbermünzen waren also deutlich niedriger bewertet als noch ein Jahr zuvor. Doch der Taler galt auch jetzt 6.– M (nämlich 10 *šāhī*). Der ungarische Dukaten wurde mit 16 *šāhī* bewertet, galt also (wie sonst auch) etwa 9.30 M, die deutsche Goldkrone mit 12 bis 13 *šāhī*, also mit 7.20 M bis 7.80 M.

1588

Daß die syrischen *mu'ayyadī* nur halb soviel wert waren wie die ägyptischen, bestätigt Samuel Kiechel (Die Reisen des S.K., Stuttgart 1866, 334). Er sagt, ein ägyptischer „medin" sei gleich zwei syrischen (oder gleich drei Kreuzern); 40 ägyptische „medin" machten eine Zechine. Demnach galt der ägyptische *mu'ayyadī* damals 25Pf, „eine schwere und hohe Münze, wenn denn solche die geringste ist von Silber [in Ägypten]." Der syrische *mu'ayyadī* bewertete sich demnach mit 12½ Pf, der Kreuzer mit 8⅓ Pf.

1598–1599

Zehn Jahre später gingen in Kairo nach J. Cotovicus (Itinerarium Hierosolymitanum, Antwerpen 1619, 479) bereits 45 „maidini" auf die Zechine; dies bewertet den ägyptischen *mu'ayyadī* nur noch mit 22⅕ Pf. Der Taler galt 30 „maidini", also 6.66 M, was die alte Gold-Silber-Relation 1 : 10 widerspiegelt.

Ganz anders in Syrien. Dort gingen 90 „maidini" auf den Dukaten; der *mu'ayyadī* galt also weiterhin nur halb soviel wie in Ägypten, nämlich nur noch 11,1 Pf. Auf einen holländischen Stuiver gingen 5 „maidini", was ihn mit 55½Pf bewertet. Der syrische *šāhī* galt 5 „maidini", also ebensoviel wie der Stuiver; der türkische Dukaten galt 40 „maidini", also 4.44 M. Syrische Kupfermünzen waren: der *nuqra* (einst ein Silberdirham) galt ⅙ *mu'ayyadī* = 1⅘ Pf oder 2 *dirham-fals;* der *dirham-fals* zu 0,9 Pf war = 2 *zibit* zu je 0,45 Pf. Auf den „Sultanin", also auf die heimische Goldmünze im Wert von 10.30 M, gingen eineinhalb Taler; der Taler wurde also wie in Ägypten mit 6.66 M bewertet.

Im Jahr 1598 bemerkte Christoph Harant, Freiherr von Polschiz (Der christliche Ulysses, Nürnberg 1678, 133): „Meydin ist ein silbernes Gröschlein, wie bey uns etwan ein Zwener, doch dicker, und gilt nicht gar so viel als ein teutscher Grosch." Der *mu'ayyadī* galt in Syrien damals 11,1 Pf.

Auffällig und mit den bisherigen Angaben von J. Cotovicus nicht in Einklang zu bringen sind seine Bemerkungen, in Damaskus gelte die Zechine 116 *mu'ayyadī*; dies bewertet den *mu'ayyadī* mit nur 8,62 Pf (statt mit 11,1 Pf); 65 *mu'ayyadī* hätten in Damaskus einen Taler gegolten. Dies bewertet diesen mit nur 5.60 M, was einer Gold-Silber-Relation von 1:12 entsprochen hätte. Dies war jedoch erst um 1622 der Fall, nicht schon am Ende des 16. Jahrhunderts. Daher dürfte Cotovicus hier seinen heimischen Löwentaler meinen, der bei einem Wert von 5.60 M die alte Relation von 1:10 bestätigt. In Aleppo seien nach Cotovicus sogar 120 *mu'ayyadī* auf die Zechine gegangen, was den *mu'ayyadī* mit nur noch $8^1/_3$ Pf bewerten würde. Wahrscheinlich hat Cotovicus hier die „maidini" mit den osmanischen Aspern (*aqče*) verwechselt; dann würden nämlich seine Angaben stimmen.

1599

Nach John Newbery (in: Richard Hakluyt, The principal navigations, Bd. II, London 1599, 247) gingen in „Babylon" - gemeint ist Kairo - 40 „medins" auf den Dukaten; der *mu'ayyadī* wurde in Ägypten also wieder mit 25 Pf bewertet.

1605

Aus Syrien berichtet J. Sanderson (in: Hakluyt, Works, IInd Series, Bd. 67, London 1931, 292) von syrischen Währungen, die unter sich merklich abwichen.

In Tripoli galt damals (um 1605) die Zechine 42 „medins"; der *mu'ayyadī* galt dort also $23^4/_5$ Pf. „A sayd [*šāhī*] is 4 medins $^1/_2$." Demnach galt der *šāhī* von Tripoli 1.07 M. Dies sieht nach einer Währungsreform aus, mit Angleichung an die ägyptischen Prägungen. „Five drams makes a medine." Dies bewertet den *dirham-fals* mit $4^3/_4$ Pf. „A caratt is 1 medin $^1/_2$", was einem bisher noch nicht bezeugten *qīrāṭ* den Wert von 35,7 Pf beimißt. „88 'gasitts' [*gazette*] is a ducket of 40 medins. „Dies bewertet die venedische *gazetta* mit $10^4/_5$ Pf.

Derselbe Berichterstatter J. Sanderson (a. a. O.) vermerkt für Aleppo in der Zeit um 1605, dort gingen auf die Zechine 48 *mu'ayyadī;* ein solcher galt also nur $20^{4}/_{5}$ Pf, nicht wie in Tripoli $23^{4}/_{5}$ Pf. Der *šāhī* galt in Aleppo 5 *mu'ayyadī,* also 1.04 M (nicht wie in Tripoli 1.07 M). „A doller (being wayght) is 32 medins", d. h. ein vollwichtiger Taler galt 32 *mu'ayyadī* = 6.66 M wie in Ägypten und bestätigt eine Gold-Silber-Relation von 1 : 10.

1610

George Sandys (in: Purchas, Extra Series VI, 186) berichtet aus Alexandria, 30 „Madeins" gingen auf den „Rial of eight", d. h. auf den spanischen Taler, der noch immer 6.66 M galt; dies bewertet den ägyptischen *mu'ayyadī* mit $22^{1}/_{5}$ Pf.

1614–1616

Arnd Gebhard von Stammer (Morgenländische Reise-Beschreibung, Jena 1671, 93) bewertete in Palästina (Sinai-Kloster) 40 „Medinen" mit „fast 1 ungarischer Dukaten". Gehen wir beim letzten von einem Wert von 9.30 M aus, ergäbt sich für den *mu'ayyadī* $23^{1}/_{4}$ Pf, Stammer spricht aber von „fast" einem ungarischen Dukaten; so bleibt ein Wert von $22^{1}/_{5}$ Pf wie schon im Jahre 1610 wahrscheinlich.

1616

In dem Reisebericht Le voyage de Hiervsalem et autres lieux de la terre saincte, faict par le Sieur Bénard (Paris 1621, 16) heißt es, 14 écus de reaux (also Taler zu 6.66 M) seien 44 livres 16 sols, also 8816 sols; der sol hatte 12 deniers. Dies bewertet die französische *livre* mit 2.11 M, den *sol* mit 10,58 Pf, den *denier* mit 0,88 Pf. Der Sieur Bénard bezahlte in Jaffa 15 deniers für einen „Medin"; der *mu'ayyadī* galt demnach in Palästina nur noch 13,22 Pf. Die „Folere", also die Kupfermünzen, galten etwa 3 deniers tournois, d. h. ein *fals* war 2,64 Pf wert.

1620

L. S. D. Villamont (Les voyages de la terre saincte, Paris 1626, Bd. III, S. 200) bewertete in Ägypten die Zechine mit 45 „maidins", doppelt so hoch wie in Tripoli; der ägyptische *mu'ayyadī* galt somit $22^{1}/_{5}$ Pf. Von den Kupfermünzen in Ägypten galten die großen „folleri" (*fulūs*) je $^1/_6$ *mu'ayyadī*, also 3,7 Pf, die kleinen die Hälfte, also 1,85 Pf. Den Taler bewertet er mit 26 ägyptischen *mu'ayyadī*. Dies zeigt eine Verschiebung der Gold-Silber-Relation von 1:10, die so lange bestanden hatte, zu 1:11$^1/_2$. Schon ein Jahr später, 1622, verschob sie sich zu 1:12; Silber wurde also billiger, und die Silbermünzen verloren entsprechend an Wert.

Von Palästina berichtet derselbe Gewährsmann Villamont (a.a.O. II, 119), in Jerusalem bekomme man für eine Zechine 90 „maidins". Der *mu'ayyadī* galt dort also nur 11,1 Pf, genau halb soviel wie in Ägypten. Der *šāhī* („seya") galt 5 *mu'ayyadī*, also 55$^1/_2$ Pf. Diese Werte galten auch in Syrien. Villamont (III 180) fügt aber hinzu: „mais toutes leurs monnoyes sont faulses, et n'ont point de prix arresté." Allerdings bewertet er in Jerusalem den spanischen Taler mit 60 *mu'ayyadī* = 6.66 M; in Palästina bestand also anscheinend noch die alte Gold-Silber-Relation von 1:10 - aber nicht mehr lange.

1623

In diesem Jahr war nämlich in Ägypten bereits die Verschiebung dieser Relation auf 1:12 eingetreten, der wir in Persien bereits 1622 begegnen. Heinrich Rantzow (Reise-Buch auff Jerusalem /Cairo in Aegypten und Constantinopell, Kopenhagen 1669, 45) berichtet aus Kairo, im Jahre 1623 habe man noch folgendes Währungsverhältnis angetroffen: „ein Rth. [Rheintaler] gilt 31. Maidini, ein Spanisch Real 34. Maidini, ein Ziggin 60. im kaufen / und 65. Maidini im wechseln. Acht Folleri machen hier ein Maidini, in Asia aber gehen Zehen darauf."

Dies besagt: Auf die Zechine („Ziggin") zu 10.– M gingen 60 *mu'ayyadī*, wenn man solche erwarb; ein solcher galt also 16$^2/_3$ Pf. Verkaufte man sie, galt ein *mu'ayyadī* nur 15$^2/_5$ Pf. Für einen bekam man 8 „Folleri" (Kupfermünzen, *fulūs*), das heißt, ein *fals* galt rund 2 Pf in Kairo, in 'Asien' aber nur etwa 1,6 Pf.

Der spanische Taler = 34 *mu'ayyadī* galt jetzt nur noch 5.50 M (statt früher 6.66 M), der Reichstaler = 31 *mu'ayydī* nur 5.– M; dies erweist eine Gold-Silber-Relation von 1:12.

1636

Die Verbilligung des Silbers durch Zuflüsse aus Südamerika über Spanien nahm ihren Fortgang. Im Jahre 1636 berichtet G.Chr. von Neitzschitz

(Siebenjährige Welt-Beschauung, Budissin/Leipzig 1673, 240): „Der ungarische Dukaten gilt [in Ägypten] 64 Mettin, wenn man dieselben umwechseln will; aber 68 Mettin, wenn man etwas kauft. 34 Mettin machen einen spanischen Real, welches ein wenig mehr ist als ein Reichstaler. Die Ungarischen Dukaten nennen die Türken und Araber Ebrimi [Ibrāhīmī], einen türkischen Dukaten aber Scherif, und einen Venetianischen Zickin. Diese gelten im Wechseln 66, im Kaufen aber wohl bis 70 Mettin, wenn sie vollwichtig sind. Ein Real di Piastro gilt im Wechsel 33, im Kaufen aber 35 Mettin. Ein Mettin macht 3 Asper (*aqče*) = einen deutschen Groschen, jeder Asper 4 [deutsche] Pfennige. Es gibt auch Kupfermünzen, ein Stück so groß als ein Dreier und eines Messerrückens dick, deren 8 machen einen Mettin."

Dies ergibt: In Ägypten galt ein *mu'ayyadī* 14,28 Pf bis 15,1 Pf. Der ungarische Dukaten wurde durchschnittlich mit 9.30 M bewertet, der spanische Taler mit 4.94 M. Hieraus folgt eine Gold-Silber-Relation von 1:13¼. Die Kupfermünzen galten etwa 1,8 Pf. Der deutsche Groschen bewertet sich mit 14½ Pf, der türkische Asper mit 4,93 Pf, der damalige deutsche Pfennig mit 1,2 Pf.

## 1657

Aus Kairo berichtet J.B. Thévenot (Voyages, Paris 1689, I, 839), daß damals 75 „maidins" auf die Zechine gingen; der *mu'ayyadī* galt also 13⅓ Pf. Das türkische Goldstück *šerīf* galt 70 *mu'ayyadī* = 9.33 M. Der Taler (Piaster) galt 33 *mu'ayyadī* = 4.40 M, der Löwentaler, von Thévenot „boquelle" genannt, verballhornt aus arabisch *abū kälb* „der mit dem Hund" (statt „Löwe"!), galt 30 *mu'ayyadī* = 4.– M. Dies erweist jetzt eine Gold-Silber-Relation von 1:15. Ein Kupfer-*fals* war ⅛ *mu'ayyadī* wert = 1⅔ Pf; es gab auch halbe „forles" (*fulūs*) zu je 0,883 Pf.

Aufschlußreich ist auch Thévenot's Gleichung: 1 „maidin" = 2½ Asper = 7 liards ou 21 deniers. Dies bewertet den *aqče* von 1657 in Kairo mit 5⅓ Pf, den *liard* mit 1,9 Pf, den *denier* mit 0,63 Pf.

## 1658(?)

Dieselben Werte wie Thévenot gibt G. Brémond (Viaggi fatti nell'Egitto, Rom 1679, aus dem Französischen übersetzt, S. 7f.). Er fügt hinzu, 13 französische Sous-Stücke galten ¼ Löwentaler, also 1.– M, was den *sol* damals mit 7,7 Pf bewertet. Brémond's Aufenthalt in Ägypten ist nicht datiert, aber wohl um 1658 anzusetzen.

1664

Zu dieser Zeit liefert Thévenot (Voyages, Paris 1689, II, 110) aus Aleppo folgende Daten:

1 Piaster = 80 Asper; la boquelle 66, le schaïed 5 Asper; 1 Piaster = 16 schaïeds, 1 boquelle = 14 schaïeds.

Schwierig ist der Wert des spanischen Talers oder „piastre de réaux" bzw. des Löwentalers, der „boquelle", zu bestimmen. Alle Anzeichen deuten darauf hin, daß im Jahr 1664 die Gold-Silber-Relation auf 1:15 gesunken war. Dies würde den Taler mit 4.40 M bewerten, den Löwentaler mit 3.88 M. So erhielten wir für den türkischen *aqče* (Asper), von denen damals 80 auf den Taler gingen, einen Wert von 5½ Pf; für den syrischen *šāhī* (schaïed), von denen 16 auf den Taler gingen, von 27½ Pf.

1680

Über das damals in Palästina umlaufende Geld berichtet D. Giovanni Battista di Borgo (Viaggio di cinque anni in Asia, Mailand ohne Jahr [1689?], S. 310): „Crosoni [türkisch ġurūš 'Piaster'], ò sia pezze da otto ['Taler']: vagliano maidini 47 l'uno; Zecchini, l'uno due Crosoni e mezzo, maidini 117 aspri 3; Hungari, l'uno due Crosoni e un quarto; maidini 105 aspri 3; Leoni di Hollanda, maidini 42."

Die Zechine von 10.- M galt also 117¾ *mu'ayyadī* zu je 8½ Pf. Für den Piaster/Taler folgt daraus ein Wert von 4.- M, für den ungarischen Dukaten 9.- M, für den holländischen Löwentaler 3.56 M, was einer Gold-Silber-Relation von 1:16½ entspricht. Der türkische Asper galt damals in Palästina ¼ *mu'ayyadī* = 2⅛ Pf.

1725

Für diese Zeit berichtet A. Djevad (État militäre Ottoman, Bd. I, Konstantinopel/Paris 1882, 110), in Ägypten liefen zweierlei Goldmünzen türkischer Prägung um: der *Miṣr-tuġrālısı,* also ein ägyptisches Goldstück mit dem Monogramm (der Tughra) des Sultans, im Wert von 315 *aqče* = 7.87 M [siehe unter Osmanisches Reich, 1725], und der *Miṣr-zingīrlisi,* also ein ägyptisches 'Ketten-Goldstück' im Werte von 330 *aqče* = 8.25 M.

Aus dem Ägypten von 1726 berichtet Angelicus Maria Myller (Peregrinus in Jerusalem, Wien/Nürnberg 1835, S. 636): „Ein Zinzerly, oder Türckischer Ducat, gilt etwas über 3 Gulden Reinisch." Dieser errrechnet sich nach G. C. von den Driesch (Historische Nachricht, Nürnberg 1723,

S. 419) auf 2.50 M; 3 Gulden waren also 7.50 M, und das „etwas mehr“ beläuft sich demnach immerhin auf 75 Pf.

Myller berichtet weiter: „Eine Piastra di Levante gilt an manchem Ort 50, durchgehends aber sonst in anderen Orten nur 40 Medini, oder Para. Ein Medin aber, oder Para gilt in unserem Geld so viel als 2 Kreutzer.“ Da nach Driesch (S. 224) 120 *para* auf den Dukaten gingen, galt der *para* bzw. der heimische *mu'ayyadī* $8^{1}/_{3}$ Pf, der Levante-Piaster somit 3.33 M (40 „Medini“), vereinzelt 4.17 M (50 „Medini“). Die *zolota* („Isholotta“) galt nach Myller die Hälfte. Der Kreuzer bewertet sich in dieser Übersicht mit einem halben Para = $4^{1}/_{6}$ Pf.

# Ilchan-Reich

## *Vorbemerkung*

Am Hofe der Großchane im Osten des Mongolenreiches wurde Gold und Silber zu Barren geprägt, die wegen ihres Aussehens 'Kissen' hießen, türkisch *yastuq,* persisch *bāleš.* Der deutsche Missionar Wilhelm von Rubruck – er entstellte das türkische Wort zu *iascot* (vgl. dazu Pelliot in: T'oung Pao 17, 190–192) – schätzte im Jahr 1253 ein solches 'Kissen' auf ein Gewicht von 12 kölnischen Mark = 2338 Gramm. Ihm begegneten anscheinend nur silberne 'Kissen', keine aus Gold. Tatsächlich wog der *yastuq* oder *bāleš* bei beiden Edelmetallen 500 Mesqal = 2150 g. Rubruck schätzte also nur 188 g zu hoch. Zu unserem Satz von 1 g Gold = 2.81 M errechnet sich ein Gold-*bāleš* auf 6041.50 M.

Bei der Bewertung des Silber-*bāleš* ist, wie unten gezeigt werden soll, von einem Gold-Silber-Wertverhältnis von 1:10 auszugehen. Somit errechnet sich ein Silber-*bāleš* auf 604.14 M.

Diese mongolische 'Großwährung' war auf den Ostteil des Weltreiches und auf das Reich der goldenen Horde (s. d.) beschränkt und diente nur der Schatzhortung, dem Großhandel und dem Steuerwesen. Die Alltagswährung bestand im östlichen Mongolenreich anscheinend aus chinesischem Papiergeld, das in persischen Quellen *čao* genannt wird. Ein Gold-*bāleš* von 6041.50 M galt 200 *bāleš* in Papiergeld; 1 *čao* galt also 30.21 M. Da ein Silber-*bāleš* 20 *čao* wert war, nämlich 604.15 M, folgt daraus das von uns oben eingesetzte Gold-Silber-Wertverhältnis von 1:10. (Persische Chronik des Waṣṣāf, Bombayer Steindruck S. 22.)

Die von uns angeführten *bāleš*-Werte dürften in der Zeit um 1300 gegolten haben. Ums Jahr 1325 bewertete Odorico de Pordenone (ed. H. Cordier, S. 301) den Papier-*bāleš* nur noch halb so hoch, nämlich mit eineinhalb Dukaten = 15.– M. Um 1335 berichtet F. B. Pegolotti (in: Della Decima e delle altre gravezze Bd. III, Lissabon/Lucca 1766, S. 2 f.), der mongolische Großchan kassiere alles Geld fremder Kaufleute in seinen Schatz, diese erhielten dafür gelbes Papiergeld mit dem Stempel des Herrschers, das *babisci* genannt werde; gemeint sind natürlich *bāleš.* Mit diesem Papiergeld könnten sie alles kaufen, da alle es in Zahlung nehmen müßten. Den *bāleš* (aus Papier) bewertet Pegolotti mit dem vierten Teil eines Silber-*soum* der Goldenen Horde; dieser ist mit etwa 48.50 M zu bewerten, was für den Papier-*bāleš* einen Wert von nur noch etwa 12.– M ergibt.

*

Im Ilchan-Reich, also im westlichen Teil des Mongolenreiches, begegnen wir völlig anderen Währungsverhältnissen.

Dort, in Persien und im ʿIraq, bestanden unter den Mongolen zunächst noch die heimischen Währungen fort. Ums Jahr 1260 wurde ein mongolischer Silber-*bāleš* mit ungefähr 75 *roknī*-Goldstücken bewertet. Demnach galt damals ein *roknī*-Dinar etwa 8.– M. Nach dem *Kitāb al-ḥāwī* war dieser Dinar statt ursprünglich 24 Karat nur noch 16 Karat fein, wog also statt 4,3 g nur noch etwa 2,9 g; s. H. Sauvaire (in JA 1882, 120). Der französische Gelehrte führte die Bezeichnung *roknī* dieser Golddinare wohl zu Recht auf den Buyiden-Herrscher Rokno'd-Doulé zurück, der von 934 bis 976 regierte.

In den eineinhalb Jahrhunderten vor der Ilchanzeit herrschte in ganz Vorderasien äußerste Silberknappheit. Wohl waren damals in den islamischen Staaten noch Golddinare wie der vorerwähnte *roknī* in Umlauf; aber die Silbermünzen wurden teils durch solche aus Billon (einer Legierung aus Silber und Kupfer), teils – und zwar weit überwiegend – durch Kupfer- oder Bronzemünzen ersetzt.

Erst unter der Mongolenherrschaft strömte Silber aus Innerasien in das Ilchanreich, und zwar so reichlich, daß es dort ab der Mitte des 13. Jahrhunderts neben der Goldwährung wieder eine Silberwährung gab, in welcher alle Buchungen erfolgten. Daneben gab es selbstverständlich auch weiterhin Kupfergeld, doch bloß als Scheidemünzen. (Monika Gronke, Arabische und persische Privaturkunden des 12. und 13. Jahrhunderts aus Ardabil [Aserbeidschan], Berlin 1982, 30.)

Als noch 'Kupferwährung' bestanden hatte, wurde ein Golddinar mit 336 Gewichts-Derham Kupfer bewertet, also mit 1050 g Kupfer. (M. Gronke, a. a. O. S. 31.) Die Belege dafür finden sich in Urkunden von 1209 und 1229. Der Wert des damaligen Golddinars läßt sich nicht genau bestimmen. Setzen wir ihn mit 10.50 M an, was einigermaßen wahrscheinlich ist, ergibt sich als Preis für 1 g Kupfer genau 1 Pf. Diese Bewertung von Kupfer findet sich auch anderwärts und zu anderen Zeiten. Das Gewicht der Kupfermünzen (arabisch *fals,* pl. *fulūs*) schwankte; überwiegend wurde es ungemünzt dargewogen, als Hackkupfer, Barren oder in Form von Kupfergegenständen.

1244–1256

In diese Zeit, als Arghun (nicht der spätere Ilchan) Statthalter im Westen des Mongolenreiches war, fiel die Schaffung einer *neuen Silberwährung*. Diese hielt sich bis ans Ende der Mongolenherrschaft über Iran. Erster Beleg dafür ist eine Urkunde aus Ardabil vom Jahre 1248. (M. Gronke, a. a. O. S. 33.) In Ardabiler Urkunden von 1254 und 1255 wird dieses neue Silbergeld ebenfalls erwähnt, das in Tabriz geprägt wurde und aus reinem Silber bestand.

Neugeschaffen wurde damals (1248) ein *Silber*dinar; vorher gab es im ganzen Vorderen Orient nur Dinare aus Gold. Dieser neue Silberdinar wog 4 Mesqal = 16,89 g. Gemäß der damaligen Gold-Silber-Relation von 1 : 12 bewertet sich dieser neugeschaffene Silberdinar mit 9.95 M. Er galt 6 Silber-Derham, was den neuen Derham mit 66 Pf. bewertet. Dieser wiederum unterteilte sich in 4 *dāng* (arabisiert *dāniq*) zu je 0,7 g Gewicht im Werte von 16½ Pf.

Diese neue Währung erhielt den Beinamen *rāyeǧ* „in Umlauf befindlich, kursierend". (M. Gronke, a. a. .O. S. 522.) Die frühere, auch von mir angewandte Lesung *rābeḥ* des meist ohne diakritische Punkte geschriebenen Wortes ist irrig.

1291–1295

In dieser Zeit des Ilchans Geichatu kam es zu Münzverschlechterung und allgemeiner Finanznot. Der Silber-Derham wog nur noch 7/12 Mesqal = 2,5 g und bestand auch nicht mehr aus Feinsilber. Sein Wert errechnet sich aus einer Notiz, wonach 102 Silber-Dinare der Präge Geichatus 510 Trapezunter Aspern galten. (C. Desimoni, in: Atti della Società Ligure di Storia Patria XIII 614.) Ein solcher Asper galt im Jahre 1292, wie aus dem Kapitel Osmanenreich ersichtlich, 53 Pf, was den Silberdinar Geichatus mit 2.65 M bewertet. Jetzt gingen allerdings nicht mehr 6 Derham auf den Dinar, sondern nur noch 5. Dies ergibt für den Geichatu-Derham einen Wert von 53 Pf.

1295–1304

Der Ilchan Geichatu versuchte im Jahre 1294, die zerrüttete Währung durch Einführung von ostmongolischem Papiergeld (*čao*) aufzubessern, doch dieser Versuch scheiterte kläglich. Sein Nachfolger Ghazan Chan reformierte die Währung des Ilchanreiches ums Jahr 1300 grundlegend. Treibende Kraft dürfte sein überaus tüchtiger Großwesir Rashido'd-Din gewesen sein. Dieser berichtet in seiner Geschichte Ghazan Chans (ed. Karl Jahn, Gibb Memorial Series III, 1939, 284), daß jetzt alle Gold- und Silbermünzen mit höchstem Feingehalt geprägt wurden.

Die Goldstücke wogen 1 Mesqal = 4,3 g und waren nach F. B. Pegolotti (a. a. .O. S. 8) 23¹/₈ Karat fein, bestanden also aus je 4,14 g Feingold. Dies ergibt für den Gold-Dinar Ghazan Chans einen Wert von 11.76 M.

Ein solcher Gold-Dinar galt 4 Silber-Dinare der neuen Prägung. Da damals das Wertverhältnis von Gold zu Silber 1 : 12 betrug, wie aus dem *Saʿādat-Nāmé* eindeutig hervorgeht (vgl. meine Ausführungen in *Die Welt des Orients* 1, 1949, 313 Anm. 1 und 327 Anm. 22), galt der neue Silber-Dinar Ghazan Chans 2.94 M. Sein Feingehalt betrug nach Pegolotti (a. a. .O. S. 8) 976 Tausendstel. Auch er wurde *dīnār-e rāyeǧ* = „gängiger Dinar" genannt und rühmlich bekannt. In der ausgehenden Ilchanzeit, um 1340, wurde dieser Silber-Dinar auch als *tängčä* bezeichnet. (Res. Fal. 1952, S. 241 [persische Paginierung].)

Ghazan Chan hat ferner Silberstücke im Werte von 3 Dinaren, also von 8.82 M, prägen lassen, die als *mīrī* bezeichnet wurden. (Res. Fal. ebenda.)

Der neue Silber-Dinar Ghazan Chans wurde wieder wie einst unter dem Statthalter Arghun in 6 Derham unterteilt, nicht in 5 wie unter Geichatu. Allerdings wogen die Ghazan-Derham nicht mehr 2,5 g wie unter Geichatu, sondern genau einen halben Mesqal, also 2,15 g; ein solcher Derham galt somit 49 Pf. Die Leute tauschten ihre Geichatu-Derham gerne in die neuen Ghazan-Derham um, obwohl sie dabei jeweils etwa 4 Pf einbüßten; wegen des Feingehaltes der Ghazan-Derham nahmen sie dies in Kauf.

Bei der Währungsreform Ghazan Chans wurde als Geldeinheit für Großbeträge, z. B. bei der Festsetzung der Steuern der einzelnen Lande des Ilchanreiches, der *Toman* eingeführt. Das Wort kommt von türkisch *tümän* = 10 000; es wurde von den Mongolen zur Bezeichnung einer Division Truppen verwendet. Der Toman ist bis auf den heutigen Tag Irans eigentliche Währungseinheit geblieben, sank aber auf weniger als ein Hunderttausendstel seines ursprünglichen Wertes aus der Zeit um 1300 ab. Denn damals galt der Toman 10 000 „gängige Dinare" = 29 400.– M.

## 1304–1317

Unter dem Ilchan Öldjeitü blieb die Währung ungefähr auf dem selben Stand wie unter Ghazan Chan; denn eine Verlautbarung aus Pera vom Jahre 1343 bewertet die Derham-Münzen beider Ilchane gleich. (Atti della Società Ligure di Storia Patria XIII, 306.) Diesen Silber-Derham haben wir zu 49 Pf ermittelt.

1317–1335

Unter dem letzten Ilchan Abu Saʿid ist offenbar bald nach seinem Herrschaftsantritt das Münzwesen verschlechtert worden. Das Gewicht des Silber-Derham sank von 2,15 g auf 1,75 g. (A.K. Markov, Katalog Džalairidskich Monet, St. Petersburg 1897, S. lxxvii/lxxix.) Nach Pegolotti (a.a.O S. 8) gingen auf einen „Cassinino d'oro", also auf einen Gold-Dinar Ghazan Chans (zu 11.76 M), 28 bis 29 „aspri d'ariento Torrisini", also 28 bis 29 Tabrizer Silber-Derham. Ein solcher bewertete sich demnach mit 40 bis 40½ Pf.

Entsprechend galt der damalige „gängige Dinar" zu 6 Silber-Derham zwischen 2.40 M und 2.50 M. Diesen Wert bestätigt Waṣṣāf (Bombayer Steindruck S. 636 [verdruckt in 336], Zeilen 17f.). Denn dieser Chronist setzt für das Jahr 1318 (also ein Jahr nach dem Regierungsantritt Abu Saʿids) den Silber-*soum* der Goldenen Horde im Werte mit 20 Silber-Dinaren gleich. Der *soum* schwankte im Wert zwischen 48.– und 50.– M. Als häufigster Wert begegnet 48.50 M. Dies ergibt für den Silber-Dinar der Anfangszeit Abu Saʿids 2.424 M. Der damalige Toman betrug somit etwa 24240.– M.

Zwei Jahre vor Abu Saʿids Tod, also 1333, sank das Gewicht des Silber-Derham von 1,85 g auf 1,44 g (Markov, a.a..O.). Sein Wert berechnet sich demgemäß auf etwa 32 Pf, der Wert des Silber-Dinars auf etwa 1.92 M. Damit sank der Toman auf etwa 19200.– M ab, also auf zwei Drittel seines ursprünglichen Wertes vom Jahre 1300.

1340

Um diese Zeit, fünf Jahre nach dem Tod des letzten Ilchans Abu Saʿid, werden aus Baghdad *zwei* Silber-Dinare erwähnt (von al-ʿUmarī bei al-Qalqašandī, Ṣubḥ al-aʿšā IV, Kairo 1914, 422). Der eine erlangte eine gewisse Bekanntheit, weil er soviel galt wie zwei Silber-Dinare des Ilchan-Reiches, also aus 12 Derham bestand. Den Wert dieses sogenannten *ʿawwāl*-Silber-Dinars beziffern wir mit etwa 3.– M, den Derham demgemäß mit 25 Pf. Daneben gab es in Baghdad noch den *mursil*-Silber-Dinar zu 10 Derham; dieser Dinar galt somit 2.50 M, und mit ihm tätigten die Kaufleute die meisten Geschäfte.

Für die Güte des *ʿawwāl*-Dinars ist bezeichnend, daß eine Buchung über den Ilchan-Kronschatz mit dem unsicheren Datum 1340 folgende Schätze an gemünztem Silber aufführt: 20 Millionen 724000 Silber-Dinare der Präge Ghazan Chans; 11 Millionen 841000 Baghdader *ʿawwāl*-Dinare, und 4 Millionen 220000 Ghazan'sche *mīrī*-Silbermünzen zu je drei Dinar. (Res. Fal. S. 241 [persische Paginierung].) Wann der *ʿawwāl*-Dinar eingeführt worden ist, erfahren wir nicht.

1347

Eine Buchung des Tabrizer Hofes von 1347 nennt Viehpreise, die für den damaligen Silber-Dinar einen Wert von 1.20 M, für den Derham einen solchen von 20 Pf nahelegen. (Res. Fal. 194 [persische Paginierung].) Dies ergibt für den Toman von 1347 einen Wert von etwa 12000.– M.

1438

Eine zuverlässige Währungsangabe aus dem Bereich des einstigen Ilchan-Reiches findet sich erst wieder fast hundert Jahre später, nämlich 1438. Sie ist enthalten in der Abrechnung eines Schiraser Großkaufmannes über seine Handelsreise nach Saray an der Wolga (s. meinen Beitrag zu *Die Welt des Orients* I, 1949, 326 f.). Aus ihr ergibt sich folgendes: Ein 47 Mesqal schwerer Silber-*soum* des Reiches der Goldenen Horde auf der Krim galt 75 Schiraser Dinare. Da 47 Mesqal = 202,1 g wiegen, wog ein Schiraser Silber-Dinar damals 2,7 g Feinsilber. Das Gold-Silber-Verhältnis war damals 1:10; 1 Gramm Silber galt demnach 28,1 Pf. Dies ergibt für den damaligen Schiraser Silber-Dinar einen Wert von rund 76 Pf. Dies war offensichtlich der Nachfahre des einstigen „gängigen Dinars" der Ilchanzeit. Er bestand noch immer aus 6 Derham, von denen einer also $12^2/_3$ Pf galt. Der Toman galt damals somit 7587.– M.

# Reich der Goldenen Horde

Das Reich der Goldenen Horde, also der Mongolen in Rußland, erstreckte sich vornehmlich über die Qypčaq-Steppe, also über die Gebiete im Norden und Nordosten des Schwarzen Meeres.

Die besondere Währung der Goldenen Horde gründete sich auf den *soum,* der nur ihr eigen ist. Der *soum* bestand aus einer kleinen Silberbarre von um 200 g schwankendem Gewicht. Das genaue Gewicht war jeweils auf die Barre aufgeprägt. Ihr Feingehalt betrug 976 Tausendstel nach Pegolotti S. 4. Eine Goldprägung der Goldenen Horde gab es nicht. (Vgl. Bertold Spuler, Die Goldene Horde, Wiesbaden ²1955, 272.)

Ibn Baṭṭūṭa (ed. Ch. Defrémery/B. R. Sanguinetti, Paris 1854, II 414) gibt das Gewicht eines *soum* der Zeit um 1335 mit 5 ūqiya an; da eine maghrebinische Unze = 12¹/₂ Gewichtsdirham = 39 g war, errechnet sich der *soum* auf 195 g Silber. In Tana (heute Azov) hatte damals der *soum* ein Gewicht von 7¹/₂ genuesischen Unzen = 198 g (Pegolotti S. 37). Eine persische Quelle der Zeit um 1440, das Šamso'ṡ-Siyāq des ʿAlī al-Qomī (ed. W. Hinz in: WdO I, 1949, 326), gibt in Saray an der Wolga für den *soum* ein Gewicht von 47 Mesqal zu je 4,23 g = 198,8 g an. Nach genuesischem Archivmaterial über Kaffa auf der Krim bestand ein „sommo" aus 45 „saggi" (*exagia*) zu je 4,53 g als ¹/₇₂ des römischen Pfundes, wog also 203,85 g. (C. Desimoni, in: Archivio storico italiano, 3. Reihe, Bd. III, Teil 1, Florenz 1866, 109 f.).

Alle diese Gewichtsangaben bewegen sich somit zwischen 195 und 204 g, was die Bewertung ses *soum* erschwert. Pegolotti (S. 3) setzt ihn mit 5 Florenen = 50.– M gleich. Wir dürfen davon ausgehen, daß das Gold-Silber-Verhältnis um 1330 in der Goldenen Horde dasselbe war wie im Ilchanreich, also 1 : 12 betrug. Wenn wir den Mittelwert des *soum* mit 50.– M ansetzen, kommen wir, da 1 g Feinsilber in diesem Falle 23,4 Pf galt, auf ein *soum*-Gewicht von 214 g Feinsilber, was entschieden zu hoch ist. Ich schlage daher einen Durchschnittswert des *soum* von 48.50 M vor, was immer noch ein verhältnismäßig hohes Durchschnittsgewicht von 207 g voraussetzt. Dieser Ansatz gälte für das 14. Jahrhundert.

Im 15. Jahrhundert haben wir von einer Gold-Silber-Relation von 1 : 10 auszugehen. Gehen wir mit unsrer vorerwähnten persischen Quelle der Zeit um 1440 von einem Gewicht von 195 g Feinsilber zu je 28,1 Pf aus, erhalten wir für den Wert des *soum* jener Zeit immerhin 54.– M, weil Silber teurer geworden war.

Der *soum* der Goldenen Horde mit seinem hohen Wert war naturgemäß auf Handel und Steuerwesen beschränkt. Für den Alltag gab es Silber- und Kupfermünzen.

1289

Aus diesem Jahr stammt die früheste mir bekannte Erwähnung der Silbermünze der Goldenen Horde. Weil später der schon angeführte maghrebinische Reisende Ibn Baṭṭūṭa von Krim-*dirhem* berichtet, nennen wir die Silbermünze im Reich der Goldenen Horde vorläufig Dirhem. Die abendländischen Quellen reden nur von *asperi,* also von (ursprünglich byzantinischen) Aspern.

Aus Akten der genuesischen Kolonie Pera (bei I. G. Brătianu, Recherches sur le commerce génois, Paris 1929, 238) geht hervor, daß im Jahre 1289 noch Silbermünzen des Tschingis-Chan-Enkels Bärkä (regierte von 1257 bis 1266 über die Goldene Horde) in Umlauf waren. Von diesen „asperi baricati" galten 160 soviel wie 100 Aspern der Komnenen von Trapezunt. Nach C. Desimoni (in: Atti della Società Ligure di storia patria 13, Genua 1877–84, 654) galten 7722 Trapezunter Aspern im Jahre 1292 soviel wie 401 *fiorini* 1 *tari* 7 *grani.* Hieraus errechnet sich – der Floren wie üblich mit 10.– M bewertet – für den Komnenen-Asper ein Wert von genau –.53 M. Daraus ergibt sich für den Bärkä-Dirhem ein Wert von 33,1 Pf.

1314

Am 26. Oktober 1314 schloß Alexios II. von Trapezunt einen Vertrag mit Genua, worin 2 Bärkä-Dirhem einem Komnenen-Asper gleichgesetzt wurden. (C. Desimoni, a. a. O. 525.) Von den Komnenen-Aspern gingen 14 auf den damaligen Hyperper. Dieses Goldstück bewertete sich damals mit 5.88 M. (Der Islam 39, 1964, 82.) Also galt der sogenannte Bärkä-Dirhem nur noch 21 Pf.

Ibn Baṭṭūṭa (II 372) berichtet, auf einen maghrebinischen Golddinar gingen damals 50 bis 60 Dirhem der Goldenen Horde. Da der erwähnte Golddinar 12.50 M galt, errechnet sich der damalige Qypčaq-Dirhem auf 21 bis 25 Pf.

Aus derselben Zeit berichtet Pegolotti (S. 37) aus Tana (Azov), wenn man Silber in die dortige Münze bringe, präge man in ihr aus einem *soum* 202 Dirhem („asperi"); doch würden einem nur 190 Dirhem ausgehändigt.

Prägegebühren und Schlagschatz betrugen somit je *soum* 12 Dirhem; der *soum* wurde somit amtlich nur mit 190 Dirhem bewertet. Ausgehend von unserem Mittelwert von 48.50 M für den *soum* errechnet sich – bei einer Gold-Silber-Relation von 1 : 12 – für den damaligen Qypčaq-Dirhem ein Wert von 25½ Pf. Dies stimmt mit den Angaben von Ibn Baṭṭūṭa überein.

1438

Damals galt in Tana (Azov) der Dirhem 8 venedische *bagattini.* (Josafat Barbaro, in: Hakluyt Bd. 49, 12.) Unterlagen für eine Umrechnung auf Gold sind mir für den damaligen *bagattino* nicht bekannt.

Bezüglich des Wertes der Kupfermünzen im Reiche der Goldenen Horde liegt einzig eine Nachricht von Pegolotti (S. 37) aus der Zeit um 1335 vor. Von den in Tana (Azov) damals umlaufenden „folleri" (arab. *fulūs*) gingen 16 auf den Dirhem; eine Kupfermünze galt somit 1,6 Pf.

# Vorosmanisches Kleinasien

Die osmanische Silberwährung des *aqče* ist aus der byzantinischen Asperwährung hervorgegangen. Es erscheint daher zweckmäßig, der eigentlichen osmanischen Währung einen Abschnitt über die Währung des sinkenden Reiches von Byzanz vorauszuschicken. Diesen Abschnitt entnehme ich im wesentlichen meinem Beitrag „Hyperper und Asper" in *Der Islam* 39, 1964, 79–89.

Die klassische byzantinische Goldmünze, das *nomisma,* wog, seitdem Konstantin im Jahre 309 das Geldwesen reformiert hatte, $^1/_{72}$ des römischen Pfundes = (theoretisch) 4,48 g mit etwa 4,4 g Feingoldgehalt. (Vgl. hierzu D. Zakynthinos, in: L'Héllénisme Contemporain, Athen 1947, 165 f.; E. Stein, in MOG II, 1926, 11 f.; G. Ostrogorsky, in BZ 1932, 295.) Das ursprüngliche *nomisma* hatte also einen Wert von 12.36 M, das Gramm Feingold mit 2.81 M bewertet. G. Ostrogorsky (a. a..O.) bewertete das *nomisma* mit 15.43 Goldfrancs; das wären 12.50 M.

Die Silbermünze *miliaresion* = $^1/_{12}$ *nomisma* galt entsprechend 1.03 M, die Silbermünze *keration* (= $^1/_{24}$ *nomisma*) $51^1/_2$ Pf, der Kupfer-*follis* (= $^1/_{12}$ *keration*) $4^1/_2$ Pf.

Die lange gehegte Auffassung, der Wert von 12.36 M für den Gold-*solidus* habe bis ins hohe Mittelalter Bestand gehabt, ist von D. Zakynthinos (a. a. O.) mit Recht angefochten worden. Die Abwertung des *nomisma* wurde von Konstantin II. (1042–1055) eingeleitet. Er senkte den Feingehalt von theoretisch 24 Karat (praktisch nur 23 Karat) in fünf sich verschlechternden Prägungen auf schließlich 18 Karat. (So nach Ph. Grierson, in: BZ 1954, 382–384.) Ein solches *nomisma* bewerten wir mit etwa 9.20 M.

Romanos IV. (1067–1071) ging schon vor der unglückseligen Schlacht von Mantzikert (19. August 1071) auf 16 Karat herab. (Ph. Grierson, a. a. O. 385.) Ein solches *nomisma* galt somit noch 8.20 M.

Michael VII. (1071–1078) ging sogar auf 14 Karat (konkave Münzen) und 12 Karat (flache Münzen) herab. (Ebenda S. 386; T. Bertelè bestätigte mir dies in einer brieflichen Mitteilung vom 5. Februar 1955, der bei Münzen Michaels VII. empirisch 16 und $14^1/_2$ bzw. 12 Karat Feingehalt ermittelte.) Diese *nomismata* lassen sich also nur noch mit etwa 7.50 M bzw. 6.25 M bewerten.

Der Tiefpunkt der Entwertung wurde unter Nikephoros III. (1078–1118) erreicht, der nur noch 8 Karat fein prägte. (Ph. Grierson, a.a.O. 386.) Dies mag seine Goldmünzen mit etwa 4.20 M bewerten.

*Der byzantinische Hyperper*

Die Bezeichnung *hyperpyron* ist anscheinend zum ersten Mal in einer venedischen Urkunde von 1039 belegt. (Revue des Études Byzantines 9, Paris 1952, 206.) Der Komnene Alexios I. (1081–1118) reformierte die byzantinische Währung durch Prägung 'superreiner' Goldmünzen.

Für deren Bewertung im 12. Jahrhundert ist angesichts dürftigsten Quellenbestandes davon auszugehen, daß um 1190 in Konstantinopel 80 genuesische *denari* auf den Hyperper gingen; 12 solcher *denari* enthielten 4,2 g Feinsilber und 8,4 g Kupfer. (M. Chiaudano, in: Il Risparmio 5, Mailand 1957, 1483 und 1488.) Der Goldwert eines solchen *denaro* läßt sich auf Grund einer damals wahrscheinlichen Gold-Silber-Relation von 1 : 12 mit etwa 9 Pf angeben, nämlich mit 8,142 Pf Silberwert (1 Gramm Feinsilber = 23,4 Pf), der Rest geschätzter Kupferwert. Nach dieser überschläglichen Berechnung ergäbe sich für den Hyperper des ausgehenden 12. Jahrhunderts ein Wert von 7.20 M, also soviel wie für das 14-Karat-*nomisma* des Kaisers Michael VII. ein Jahrhundert früher.

Sicheren Boden betreten wir erst im 13. Jahrhundert. Wichtig ist hier die Stelle bei Pachymeres (II 493 f.), wonach Johannes Vatatzes (1222–1254) und sein Sohn und Nachfolger Theodor II. (1254–1258) Hyperper zu 16 Karat fein prägten. Bei einem Gewicht von nur noch 4 g dürfte der reine Goldwert eines solchen Hyperpers von etwa 95 v. H. Feingehalt etwa 7.10 M betragen haben.

Dieser Wert erweist sich als richtig durch eine andere Quellenstelle, die Aufschluß gibt über den Wert des etwas späteren Hyperpers. Unter Michael VIII. (1259–1282) war nämlich – ebenfalls nach Pachymeres – der Feingehalt seit dem Jahre 1262 auf 15 Karat herabgesetzt worden, so daß damals 47 'alte' Hyperper auf 50 'neue' gingen. (G. I. Brătianu, Recherches sur le commerce génois dans la Mer Noire au xiii^e^ siècle, Paris 1929, 123.) Dementsprechend müßte – nach unserem Ansatz von 7.10 M für den 16karätigen Hyperper – der 15karätige nur noch 6.66 M gegolten haben.

Dies trifft tatsächlich zu. Denn die angedeutete andere Quellenstelle, ein Befehl Karls von Anjou vom 12. November 1274 an die Münze in Brindisi, besagt, daß 4000 Hyperper = 1300 *livres tournois,* und daß 1273 *livres tournois* 11 *sous* 9 *deniers* = 509 Goldunzen von Neapel waren. (S.

Fusco, Dissertazione su di una moneta del Re Ruggiero detta Ducato, Neapel 1812, 80f.) Die napolitanische Goldunze entsprach damals fünf Florenen (*fiorini*). (A. de Boüard, Documents en français des archives angevines de Naples, Paris 1933, 56 und 70.) Die Goldunze galt somit 50.– M. Hieraus errechnet sich der Hyperper von 1274 (also der 15karätige des Kaisers Michael VIII.) mit hoher Genauigkeit auf 6.66 M.

Für das Jahr 1292 bestätigen diesen Ansatz die Abrechnungen einer britischen Gesandtschaft an den Hof des Ilchans von Persien. (C. Desimoni, in: Atti della Società Ligure di Storia Patria 13, Genua 1877–1884, 650.) Danach waren 289 Hyperper 22 Karat soviel wert wie 193 *fiorini* 1 *taro* 16 *grani,* d.h. 289,91 Hyperper waren gleich 193,18 Florenen zu je 10.– M, was für den Hyperper ebenfalls genau 6.66 M ergibt.

Im Jahre 1304 war nach einer amtlichen Verlautbarung der Kolonie Pera in Konstantinopel ein Hyperper = 12 genuesische *solidi,* von denen 20 auf einen Golddukaten zu 10.– M gingen. (Angeführt bei G.I. Brătianu, a.a.O. S.127 Anm. 3.) Der Hyperper galt somit nur noch 6.– M.

Im Jahre 1305 setzte Andronikos II. für den Hyperper einen neuen Münzfuß fest, nämlich zu 11¾ Karat Gold bei grundsätzlicher Beibehaltung des alten *nomisma*-Gewichtes. Den Wert dieses Hyperpers bestimmen wir nach R. Muntaner (L'espedició dels Catalans a Orient, ed. N. d'Olwer, Barcelona 1926, 91; vgl. K.H. Schäfer, Die Ausgaben der Apostolischen Kammer, S.70*) mit 10 *sous* von Barcelona, von denen 17 auf den Floren gingen; der Hyperper von 1305 galt somit 5.88 M.

Im Jahre 1318 gingen 10000 Hyperper 'guten Gewichtes', also wohl der Präge von 11¾ Karat, auf 1514⅓ Florene. Diese Notiz findet sich in einem Brief Andronikos' II. an seinen Sohn Theodor I., den Marquis de Montferrat (enthalten in Thomas-Predelli, Diplomatarium Veneto-Levantinum, Bd. I, 1880, 118). Damals wurde somit der Hyperper vom Kaiser selbst nur mit 5.71 M bewertet. Das mag seine besonderen Gründe gehabt haben. Denn sogar noch im Jahr 1321 gingen auf einen Hyperper dieser Präge 14 venedische *grossi a oro,* von welchen 24 einen Dukaten (10.– M) ausmachten. (Ebenda S.185.) Der Hyperper wurde somit im freien Handel noch immer mit 5.83 M bewertet.

Unter Andronikos III. (1325–1328) erfolgte eine abermalige Münzverschlechterung. Der Hyperper war jetzt nur noch 11 Karat fein. Zu seiner Bewertung ziehen wir eine Notiz von Pegolotti (S. 23) heran, in Pera seien damals auf den Hyperper 12,5 bis 13 venedische *grossi* gegangen, je nach dem Silberpreis – dieser schwankte also. Da 24 solcher *grossi* eine Zechine von 10.– M ausmachten, ergibt sich für den Hyperper von 1328 eine Bewertung zwischen 5.42 M und 5.21 M.

Unter Johannes V. (1341–1391) erfolgte eine Reform des Hyperpers, der jetzt wieder mit hohem Feingehalt, aber verringertem Gewicht (1,88 g) geprägt wurde. Eine Urkunde aus Genua gibt an, im Jahr 1343 habe ein genuesisches Pfund = 20 *soldi* (von welchen 25 einen Dukaten = 10.– M ausmachten) einen Wert von $1^{13}/_{24}$ Hyperper gehabt. (L. T. Belgrano, in: Atti della Società Ligure di Storia Patria 13, S. 289.) Dieser errechnet sich daraus auf 5.20 M. Im Jahre 1366 wurde er mit genau einem halben Dukaten bewertet, also mit 5.– (M. L. Cibrario, Della economia politica del medio evo, 5. Aufl., Turin 1861, II, Tabelle auf S. 184.) Denselben Kurs nennt eine venedische Urkunde von 1374, und auch für das Jahr 1382 ist er noch belegt. (Ch. Diehl, Études Byzantines S. 249 Anm. und Marino Sanudo, Vita de' Dogi di Venezia, in: Muratori, Rerum Italicarum Scriptores 12, Sp. 744.)

Ein erneuter Kurssturz ist für das Jahr 1391 erweislich, denn damals bewertete eine genuesische Urkunde den Dukaten mit $2^{7}/_{24}$ Hyperper, was für diesen 4.36 M ergibt. (Angeführt bei L. T. Belgrano, a. a. O. 165). Eine andere Urkunde derselben Zeit (genau von August/September 1391, kurz nach der Thronbesteigung Manuels II.), bewertet den Dukaten mit 2 Hyperper 9 Karat, den Hyperper also nur mit 4.21 M. (T. Bertelè, in: Accademia Nazionale dei Lincei, Atti dei Convegni 12, Rom 1957, 258.)

Im Gegensatz zu Johannes V. ließ Manuel II. (1391–1423) wieder schwerere Goldstücke (freilich nur wenige) prägen, jedoch von geringem Feingehalt. Sie werden in einer Urkunde vom Jahre 1433 zum Kurs von $3^{5}/_{24}$ Hyperper auf den Dukaten bewertet, also zu 3.15 M; (bei Belgrano, a. a. O. S. 202.)

Hier befinden wir uns bereits in unmittelbarer zeitlicher Nähe zum berühmten *Libro dei Conti* des Giacomo Badoer aus den Jahren 1436 bis 1440. (Il Nuovo Ramusio III: Il Libro dei Conti di Giacomo Badoer. Testo a cura di Umberto Dorini e Tommaso Bertelè, I, Rom 1956.) Die Buchungen dieses venedischen Kaufmannes in Konstantinopel enthalten für den Hyperper sehr verschiedene Kurse. Der eine ist 1 Dukaten = 3 Hyperper, was für den Hyperper den künstlich hohen Kurs von 3.33 M ergibt. Der freie Markt-Kurs dürfte zwischen 3 Hyperper $4^{1}/_{2}$ Karat und 3 Hyperper $8^{1}/_{2}$ Karat geschwankt haben. (A. a. O. 149, 153, 366, 380, 383 und vielfach.) Den Dukaten zu 10.– M gerechnet ergibt dies einen freien Hyper-per-Kurs in den Jahren 1436 bis 1439 zwischen 3.– M und 3.13 M. Als Arbeitswert behalten wir den schon oben ermittelten Satz von 3.15 M bei.

Johannes VIII. (1423–1448) hat offenbar nur noch Silber- und Kupfermünzen prägen lassen, so daß der Hyperper zur bloßen Rechnungseinheit herabsank. Doch gab es schon spätestens seit 1389 auch *silberne* Hyperper, und der Geldumlauf basierte seither – wenn nicht schon früher – auf bloßer Silberwährung. (T. Bertelè, Il „Libro dei Conti", S. 256–258.) Eine florentinische Urkunde von 1437 bezeichnet als Hyperper daher Silbermünzen "*ad sagium Pere*", d. h. nach dem in Pera üblichen *exagium.* (G. Müller, Documenti sulle relazioni delle città toscane usw., Florenz 1879, 169.) Setzen wir als genuesisches *exagium* 4,4 Gramm ein, so würde diesem Silber-Hyperper (1 g Feinsilber gemäß der damals bestehenden, unten zu belegenden Gold-Silber-Relation von 1:10 mit 28,1 Pf bewertet) ein Wert von schätzungsweise 1.10 M zuzubilligen sein. Buchungsmäßig blieb jedoch der ursprüngliche (Gold)Hyperper zu 3.15 M bis zum Untergang von Byzanz im Jahre 1453 bestehen.

Im Jahre 1479 finden wir auf Cypern „ein silbren muntz, *bissantti* [Byzantiner] genannt" im Wert von 13 *marchetti* oder $^1/_{10}$ Dukaten, also von rund 1.– M. (Samuel Rieter, Reisebuch, ed. R. Röhricht/H. Meisner, 168. Publication des Litterarischen Vereins in Stuttgart, Tübingen 1884, 147.) Ein Jahrhundert später gehen auf Kreta auf einen Hyperper 4 *gazzette* 8 *bagattini,* also $4^4/_{15}$ *gazette.* (Samuel Schweigger, Gezweyte neue nutzliche und anmuthige Reiss-Beschreibung, Nürnberg 1664, 329.) Da damals 1 *gazetta* (nach J. Cotovicus, Itinerarivm Hiersolymitanvm et Syriacvm, Antwerpen 1619, 479) = 2 *marchetti* = etwa 16,13 Pf galt, errechnet sich dieser späte Silber-Hyperper auf –.69 M.

## *Der byzantinische Asper*

Solange das byzantinische *nomisma* seinen vollen oder nahezu vollen Wert besaß, galt das *miliaresion* wie erwähnt $^1/_{12}$ *nomisma* oder rund 1.– M. Seit dem 12. Jahrhundert verdrängte die Bezeichnung *aspron* allmählich das *miliaresion,* und mit sinkendem Kurs des Hyperper ging auch das feste Verhältnis zwischen Gold- und Silberstück verloren.

Die Angaben über die Entwicklung des byzantinischen Asper sind spärlich.

Um 1200 war nach Marco Polo (Recueil de Voyages [der Société Géographique de Paris], Kap. 110, I 121) der Asper etwas mehr wert als der *grosso veneziano,* von denen damals 18 auf den Dukaten zu 10.– M gingen. (Derby Accounts, Expeditions to Prussia and the Holy Land, ed. L. T. Smith, London 1894, 225.) Ein grosso galt somit 55 Pf. Dies wird glaubhaft, wenn wir vom Wert des damaligen Hyperpers von 6.66 M (siehe oben) ausgehen. Wenn ein Asper wie früher das *miliaresion* $^1/_{12}$ *nomisma* war, galt er damals $55^1/_2$ Pf – also tatsächlich „etwas mehr" als ein *grosso* von 55 Pf, nämlich einen halben Pfennig. Die alte Relation *nomisma* : *mi-*

*liaresion* = 12:1 (d.h. ein *nomisma* war 12mal soviel wert wie ein *miliaresion*) war damals, um 1290, also noch in Kraft.

Eine ungefähre Bestätigung liefern die Aufzeichnungen der schon erwähnten britischen Gesandtschaft von 1292 nach Persien, wonach 7722 Trapezunter Aspern = 401 *fiorini* 1 *taro* 7 *grani* waren. (C. Desimoni, in: Atti della Soc. Ligure 13, Genua 1877, 654.) Den Floren zu 10.– M gerechnet, ergibt sich für den Trapezunter Asper damals ein Wert von 53 Pf. Der Unterschied von 2¹/₂ Pf gegenüber dem vorhin errechneten Wert von 55¹/₂ dürfte einen leichten Wertunterschied zwischen Konstantinoplern und Trapezuntern Aspern belegen.

Im Jahre 1304 verschlechterte Andronikos II. die Silberwährung durch eine Doppel-Präge; die bessere davon setzte den Asper (das *Basilikon*) = ¹/₁₅ des Hyperper. Dieser Asper galt also 40 Pf. (V. Laurent, Le Basilicon, in: BZ 1952, 57.)

Im Vertrage Genuas mit Alexios II. in Trapezunt vom Jahre 1314 wird ein Hyperper mit 14 Komnenen-Aspern bewertet. (C. Desimoni, a.a.O. S. 525.) Dies ergibt, den Hyperper zu etwa 5.80 M angesetzt, für einen solchen Asper einen Wert von 42 Pf.

Um 1343 gingen bereits 15 Komnenen-Asper von Trapezunt auf einen solchen Hyperper (ebenda S. 289 und 306), was diesen Asper nur noch mit etwa 35 Pf bewertet. In beiden Fällen ist anzunehmen, daß die Komnenen-Asper mit den Aspern von Konstantinopel nicht gleichwertig waren, sondern weniger galten.

Für das eigentliche Byzanz erreichen wir sicheren Boden erst im Jahre 1366. Damals gingen 27 Asper auf einen Floren von 10.– M. (C. Desimoni auf Grund von Archivmaterial über Kaffa, in: Archivio Storico Italiano, III. Serie, Bd. iii, Teil I, Florenz 1866, 109f.) Somit galt ein byzantinischer Asper damals 37 Pf, d.h. auf den Hyperper von 5.– M gingen statt einst 12 jetzt 13¹/₂ Asper.

Eine weitere zuverlässige Angabe ist die folgende: Im Jahre 1392 gingen auf Rhodos 28 Aspern auf den Dukaten. (Derby Accounts, a.a.O. S. 225.) Der Asper galt damals also 35,7 Pf.

Im Jahre 1400 gingen, wie F. Dölger gezeigt hat (in: Aus den Schatzkammern des Heiligen Berges, Textband, München 1948, 176 und 270), 14 Aspern auf den Hyperper. Auch für das Jahr 1421 ist diese Relation belegt. Den Asper von 1409 bewerten wir somit annäherungsweise mit 28¹/₂ Pf, den von 1421 mit 22¹/₂ Pf. Im ersten Fall gehen wir von einem Hyperperwert von 4.– M aus; denn nach Irmgard Mahnken (Das ragusanische Patriziat des XIV. Jahrhunderts, Anlage 5 [Göttinger Manuskript]) galt Ende des 14. Jahrhunderts in Ragusa ein Dukaten = 2¹/₂ Hyperper.

Der letzterwähnte Asperkurs von 22½ Pf dürfte auch noch um 1436 fortbestanden haben, obwohl bemerkenswert ist, daß das *Libro dei Conti* von G. Badoer anscheinend überhaupt keine byzantinischen Asper mehr erwähnt; die Abrechnungen des venedischen Kaufmannes in Konstantinopel nennen nur Hyperper ('Buch'-Hyperper zu 3.15 M) und *carati,* von denen 24 auf den Hyperper gingen, also einen Buchungswert von je 13,1 Pf hatten, jedoch keine Münzeinheit darstellten.

G. Badoer kennt im übrigen zahlreiche europäische Münzen nach folgendem Schema im Konstantinopel um 1440: 1 Hyperper (3.15 M) = 192 *tornesi* (Kupfer, zu je 1,6 Pf) = 16 *piccoli* (Silber, zu je 19,7 Pf) = 4 *medii* (Silber, zu je 78¾ Pf) = 2 *grandi* (Silber, zu je 1.575 M). (Il Libro dei Conti, a. a..O. S. 255.)

Die letztgenannten *grandi* scheint er auch *bexanti* ('Byzantiner') zu nennen. Es ist denkbar, daß damit silberne Hyperper gemeint waren. Träfe dies zu, so müßte ein solcher Silber-Hyperper 1.575 M wert gewesen sein, und nicht nur 1.10 M, wie wir oben als Schätzwert ermittelten.

Dem verhältnismäßig begrenzten und vielfach unsicheren Stoff läßt sich jedoch eine wichtige Tatsache entnehmen, nämlich eine Verschiebung der Gold-Silber-Relation. Diese ist für das frühe 14. Jahrhundert im Ilchanreich (s. diesen Abschnitt) als 1:12 sicher bezeugt, d.h. ein Gramm Feingold galt 12 Gramm Feinsilber. In den Abrechnungen der genuesischen Kolonie zu Pera vom Jahre 1391 findet sich jedoch folgende Aufzeichnung (in den Atti della Società Ligure 13, S. 167): *pro uncia 1½ argenti ... Pp.* 2.10½. Eineinhalb genuesische Unzen Silber wogen 39,6 Gramm und kosteten also damals 2 7/16 Hyperper. Dessen Wert haben wir mit 4.36 M ermittelt; demnach kostete 1 Gramm Silber im Jahr 1391 26½ Pf. Dies bedeutet, auf 1 Gramm Gold zu 2.81 M bezogen, eine Relation Gold : Silber = 1:10½. Diese Verteuerung des Silbers dürfte nach T. Bertelè (Il libro dei Conti S. 255) unter Andronikos IV. erfolgt sein, also zwischen 1376 und 1379.

Eine abermalige Verschiebung der Gold-Silber-Relation stellen wir im Jahre 1437 fest. Nach dem *Libro dei Conti* (S. 208) kostete ein zur Asperprägung bestimmtes leichtes venedisches Pfund (= 301,23 g) 26 Hyperper 6 Karat. Den Hyperper zu 3.15 M gerechnet, kostete 1 g Asper-Silber 27 Pfennig. Die Feinheit des *türkischen* Aspers – denn um diesen handelt es sich ganz offensichtlich – betrug damals 90–95 v. H. Dadurch bewertet sich 1 Gramm Asper-Silber mit 28 Pf – also genau mit dem zehnten Teil des Wertes von 1 g Feingold. Somit betrug die Gold-Silber-Relation ums Jahr 1437 1:10. Diese Relation galt nicht nur für das sinkende Reich von Byzanz, sondern offenbar im ganzen Vorderen Orient.

Für den *Trapezunter* Asper um dieselbe Zeit (um 1437) gibt das *Libro dei Conti* (S. 14 und 372) an, $33^{1}/_{3}$ bis 36 solche Asper machten einen Hyperper (von 3.15 M) aus, d. h. ein Trapezunter Asper hatte einen Wert von nur noch $8^{3}/_{4}$ bis $9^{1}/_{2}$ Pf. Der gleichzeitige Asper in *Kaffa* auf der Krim galt $^{1}/_{20}$ bzw. $^{1}/_{18}$ Hyperper (ebenda S. 392 bzw. 149), also immerhin noch 15,37 bzw. $17^{1}/_{2}$ Pf.

Die Eroberung von Konstantinopel im Jahre 1453 durch Sultan Mehmed II. Fatih bedeutete das Ende der byzantinischen Asper-Prägung.

# Osmanenreich

Die osmanisch-türkische Währung setzte mit dem Jahr 1329 ein, wie im voraufgehenden Abschnitt über das vorosmanische Kleinasien bereits angedeutet wurde.

An die Stelle der byzantinischen Silbermünze Asper (*aspron*) trat nun der *ʿos̱mānī aqčesi,* also der osmanische *aqče* oder 'Weißling'. Orhan b. Osman I. prägte erstmals im Jahre 1329 kleine Silbermünzen im Durchschnittsgewicht von 1,07 Gramm mit 90 v. H. Feingehalt. (St. Lane-Poole, Coins of the Turks, London 1883, S. xvii; A. Djevad Bey, État militaire Ottoman, Bd. I, Konstantinopel/Paris 1882, 100.) Ausgehend von der damaligen Gold-Silber-Relation 1 : 12 ergibt sich für diesen *aqče* ein wahrscheinlicher Wert von 22½ Pf.

1431–1436

Die erste sichere Bezeugung des *aqče* findet sich in einer Lehensurkunde von 1431, wonach damals 35 *aqče* auf den Dukaten von 10.– M gingen. (Halil İnalcık, in: *Belleten* 13 des Türk Tarih Kurumu, Ankara 1949, 520.) Dies ergibt für den *aqče* einen Wert von 28½ Pf.

Drei Jahre später, 1434, wurde in Edirne der Dukaten mit 37 *aqče* bewertet. (B. de la Brocquière, Le Voyage d'Outremer, ed. Ch. Schefer, Paris 1892, 198.) Der *aqče* galt also 27 Pf.

Eine kaufmännische Notiz aus Konstantinopel von etwa 1436 bewertet 2000 *aqče* mit 176 Hyperper 2 Karat. („Il Libro dei Conti" des Giacomo Badoer, ed. T. Bertelè, Rom 1957, 15.) Da ein Hyperper damals 3.15 M galt, errechnet sich für den *aqče* ein Wert von 27,7 Pf.

In den Jahren 1436 und 1438 vernehmen wir zum ersten Mal von einem türkischen Dukaten. Nach dem erwähnten Rechnungsbuch von G. Badoer (a.a.O. 6 und 362) errechnet sich dieses Goldstück auf 2 Hyperper = 6.30 M.

1445–1481

Als Mehmed II. Fatih 1445 bei seinem ersten Herrschaftsantritt neue *aqče* prägte, setzte er sie von 6 auf 5 *qīrāṭ* herab. Daher mußte er den Janitscharen-Sold von täglich 3 *aqče* auf 3½ erhöhen, was im Vierteljahr je Mann eine 'Aufbesserung' von einem Dukaten und einem halben *ort* bedeutete. (F. Babinger nach einer polnischen Quelle, in: *Oriens* 3, Leiden 1950, 256 Anm.) Den Dukaten bewerten wir wie stets mit 10.– M; ein halber *ort* war ⅛ Taler = 83¼ Pf. Die 'Aufbesserung' betrug also in 90 Tagen 10.8325 M, in einem Tag somit 12 Pf = einen halben *aqče.* Dies ergibt für den entwerteten *aqče* Mehmeds II. einen Wert von 24 Pf.

Die Kupfermünzen hießen *mangur,* etwa 'Kupferheller'. Im Jahre 1462 gingen 8 von ihnen auf den *aqče;* ein *mangur* galt also 3 Pf.

In der Folgezeit verschlechterte Mehmed II. die Münzpräge weiter. Im Jahr 1471 enthielt der *aqče* nur noch 0,765 g Feinsilber, galt also gemäß der seit etwa 1437 gültigen Gold-Silber-Wertrelation von 1 : 10 21½ Pf. Im Jahre 1481 enthielt der *aqče* nur noch 0,675 g Feinsilber. (ʿAlī, Fātiḥ zamanında aqče ne idi?, inTOEM 49, İstanbul 1917, 59.) Der *aqče* von 1481 galt also bloß 19 Pf. Diesen Wert bestätigt ein Pilgerbericht vom Jahre 1483 (R. Röhricht/H. Meisner, 145), wonach man in Palästina für einen Dukaten 52 *aqče* bekam, was diesen mit 19¼ Pf bewertet.

1503

Nach den Abrechnungen des *bailo* Andrea Gritti (bei E. Albèri, Relazioni III, iii, 20 Anm. 2) erhielt man 1503 für den Dukaten 54 bis 55 *aqče;* dieser galt also 18⅕ bis 18½ Pf. Amtlich hingegen, bei der Einziehung der Kopfsteuer, wurde die Zechine (10.– M) nur mit 50 *aqče* bewertet; der Zwangskurs des *aqče* betrug also 20 Pf.

1512

Bei der Thronbesteigung des Sultans Selim I. Yavuz gingen 60 *aqče* auf den Dukaten, 40 auf den Taler, 35 auf den Löwentaler. (Ṣolaqzāde Tarīḫi, İstanbul 1297/1880, 346.) Der *aqče* galt also 16⅔ Pf, der Taler oder Piaster, türkisch *ġurūš* (von italienisch *grosso,* deutsch 'Groschen'), 6.66 M, der holländische Löwentaler (*esedī ġurūš*) 5.83 M. Das hieraus erhellende Gold-Silber-Verhältnis von 1 : 10 wird von dem angeführten türkischen Chronisten ausdrücklich erwähnt.

1518

Damals gingen (nach G. A. Menavino, I cinqve libri della Legge, Religione, et Vita de' Turchi, Venedig 1548, 122) 55 *aqče* auf den Dukaten; der *aqče* galt also $18^{1}/_{5}$ Pf. Auf diesen Asper gingen 16 kleine Kupfermünzen; eine solche galt demnach 1,15 Pf.

1526

Zu dieser Zeit wurde der Dukaten mit 50 *aqče* bewertet. (Pietro Bragadino, bei E. Albèri, Relazioni III, iii, 107.) Der türkische Asper galt jetzt also wieder 20 Pf.

1533

Den gleichen Wert nennt der Gesandtschaftsbericht des Hieronymus von Zara (bei Josef Hammer, Geschichte des Osmanischen Reiches, Bd. III, Pest 1828, 674): mille somas asperorum quae faciunt vicesies centena millia ducatorum. Unter *soma* ist türkisch *yük* 'Last, Ladung' zu verstehen, welche 100 000 *aqče* umfaßte. Tausend solche 'Lasten', also 100 Millionen *aqče* , galten 2 Millionen Dukaten. Hieraus errechnet sich der *aqče* wie vorhin auf 20 Pf.

Im Jahre 1535 wurde die Kupfermünze *mangur,* auch *pūl* (persisch, heute = 'Geld') genannt, mit $^{1}/_{8}$ *aqče* bewertet, galt also $2^{1}/_{2}$ Pf. (M. Akdağ, in: *Belleten* 13, Ankara 1949, 527.)

1548

Damals gingen 60 *aqče* auf einen *altun* (also auf ein Goldstück zu 10.– M). (M. Akdağ, a. a. O. S. 530.) Der *aqče* galt also wieder nur soviel wie im Jahre 1512, nämlich $16^{2}/_{3}$ Pf.

1553

Eine „Relazione anonima" aus dem Jahr 1553 (bei E. Albèri, Relazioni III, i, 252) bewertet „1000 aspri bianci" mit $17^{1}/_{2}$ Dukaten = 175.– M, den *aqče* demgemäß mit $17^{1}/_{2}$ Pf. Wahrscheinlich ist dieser Wert um einen Goldpfennig zu hoch.

Denn zur selben Zeit, also 1553 bis 1555, bewerten zwei deutsche Zeugnisse den *aqče* wie im Jahr 1548 mit $16^{2}/_{3}$ Pf. Die eine Quelle, nämlich die „Vier Briefe aus der Türkei" von Ogier Ghiselin von Busbeck (ed. W. von den Steinen, Erlangen 1926, 29 und 189), bewertet die Krone mit 50 *aqče,* wobei 6 Kronen 5 Dukaten galten. Die zweite Quelle ist Hans Dernschwam's Tagebuch (ed. F. Babinger, München/Leipzig 1923, 83), wonach ein türkisches Goldstück (= 10.– M) 60 *aqče* galt. In beiden Fällen bewertet sich der *aqče* mit 16²/₃ Pf.

1564

Derselbe Wert von 16²/₃ Pf für den *aqče* begegnet uns bei D. Barbarigo (in: E. Albèri, Relazioni, III, ii, 15), der ebenfalls 60 *aqče* auf den Dukaten gehen läßt.

1574

Stephan Gerlach (Tagebuch der an die Ottomanische Pforte zu Constantinopel vollbrachten Gesandtschaft, Frankfurt/Main 1674, 48) berichtet, damals seien 70 *aqče* auf den Dukaten gegangen. Dies ergibt für den *aqče* einen Wert von nur noch 14,3 Pf. Der Grund dafür könnte ein leichtes Sinken des Silberpreises gewesen sein, nämlich eine Veränderung der Gold-Silber-Relation von 1 : 10 auf 1 : 10¹/₂, die uns 1565 auch in Ägypten begegnet, aber von begrenzter Dauer war. Näheres im nachfolgenden Bericht.

1577

Ausführliche Angaben finden sich bei Salomon Schweigger (Gezweyte neue nutzliche ... Reiss-Beschreibung, Nürnberg 1664, 267): „Nach den Talern [zu 40 *aqče* ] sein die Ungrischen Ducaten, in gleichem Wert mit den türkischen Suldanern Ducaten, nämlich 60 Asper, das wäre 2 Gulden, die nennen sie altum [*altun* = 'Goldstück'], also auch die Venedischen Zekin. Die dritte Sorte ist eine silberne Münz, in Größe eines böhmischen oder sächsischen Fürstengroschen, aber dick von lötigem Silber; diese Münze heißt Schahi [*šāhī*, darf nicht mit der gleichnamigen persischen 50-Dinar-Münze verwechselt werden], deren einer tut achthalben Asper und machen 8 Schahi einen Ducaten. Die vierte Sorte sein die kupfernen Münzen, Mangur genannt, die ist viereckig, größer denn ein Pfennig, deren machen 24 einen Asper.“

Die Auswertung ergibt als sicher für den *šāhī* den Wert eines Achtel-Dukaten, also 1.25 M. Schweigger bewertet ihn mit 8¹/₂ Asper, was für den *aqče* 14,7 Pf ergibt. Daraus folgt für den Taler (Piaster) = 40 *aqče* ein Wert von 5.88 M. Dies erweist eine Gold-Silber-Relation von 1 : 10¹/₂.

Den Kupfer-*mangur* bewertet Schweigger mit dem 24. Teil eines Asper, also mit nur 0,6 Pf.

1578

Nach dem deutschen Pilger Lupold von Wedell (ed. Bär, in: Baltische Studien 45, 1895, 157) gingen damals 2 *aqče* auf den *modin,* von denen 40 bis 41 eine Zechine ausmachten. Unter dem *modin* ist die in Ägypten geprägte Silbermünze *mu'ayyadī* zu verstehen, die damals mit 25,4 bis 25 Pf bewertet wurde. Dies ergibt für den *aqče* 12½ Pf.

1579

Hans Jacob Breuning von und zu Buechoenbach (Orientalische Reiß, Straßburg 1612, 97f.) berichtet, damals habe die Zechine 80 Asper „oder zween unserer teutschen Gulden" gegolten. Die Reichsthaler ... werden für viertzig Asper außgegeben / die Ort eines Thalers sein auch läuffig und gäng umb zehen Asper." Danach bewertete sich der *aqče* (wie im vorigen Abschnitt) mit 12½ Pf, der deutsche Gulden mit 5.– M. Die Reichstaler (besonders die alten Joachimstaler) galten 40 *aqče* = ebenfalls 5.– M, was eine Gold-Silber-Relation von 1 : 13¼ erweist. Ein *Ort* oder Vierteltaler galt entsprechend 1.25 M.

H.J. Breuning (a.a.O. S.98) berichtet weiter: „Von Türckischen Müntzen sein ferner die *Schahi,* die gelten achthalben Asper"; also war ein *šāhī* 1.06 M wert. „Nach diesem die *meidin,* welcher fünff erst ein *schahi* thun." Dies bewertet den *mu'ayyadī* mit 21¼ Pf. Den Asper bewertet Breuning mit „zween Creutzer unserer wehrung", was den Kreuzer mit 6¼ Pf bewertet.

„Diese erzehlte Müntzen / sein von löttigtem digenem silber / ohne Zusatz", berichtet Breuning (a.a.O. S.98) weiter; sie bestanden also aus Feinsilber.

„Nach diesem sein die Kupfferne Müntzen / *Mangur* genannt / welche in Europa [in der europäischen Türkei] gäng und gebich sein / deren thun vier und zwantzig ein Asper." Der *mangur* galt also nur einen halben Pfennig. „Weiter findet sich in Türckey ein andere Kupfferne Müntze *foleri* [arabisch *fals,* pl. *fulūs*] genant / deren sechs machen ein *meidin,* und halbe *foleri,* deren zwölff erst ein *meidin* machen." Der Kupfer-*fals* galt somit 3,54 Pf, der halbe *fals* 1,77 Pf.

1582

Im Gebiet von Erzurum und Erzincan galt nach John Newbery (in: Purchas, Extra Series VIII, 471) „1 Merchel = 54 Auctshas [*aqče*]". Nach demselben Gewährsmann (S. 468) war ein „Merchel" offenbar ein Piaster oder „Croysh" [*ġurūš*] zu 6.66 M, was den *aqče* mit 12¹/₃ Pf bewertet.

1583

Dies bestätigt Wolf Andreas' von Steinachs „Edelknabenfahrt nach Constantinopel" (in: Steiermärkische Geschichtsblätter, 2. Jahrgang, Graz 1881, 221). Danach machten 24 Kupfer-*mangur* einen *aqče* = 8¹/₂ damalige deutsche Pfennige. Der „Tschachi" [*šāhī*], „der Türckhen grösste Müntz", galt 8 Asper, ein Taler 55 Asper, ein türkischer oder ungarischer Dukaten 75 Asper.

Da die genannten Dukaten 9.30 M galten, errechnet sich der *aqče* auf 12,4 Pf, der türkische *šāhī* auf -.99 M, der Kupfer-*mangur* auf einen halben Goldpfennig.

1584

Nach einer osmanischen Steuer- und Zollurkunde aus Basra (bei R. Mantram, in: JESHO 10, 1967, 242 f.) galt damals die dortige Silbermünze *dahnīm* soviel wie 108 *aqče*. Im Abschnitt über Basra (im Kapitel „Persischer Golfbereich") haben wir die dortige Silbermünze mit dem persischen Namen *dah-nīm* mit 43,4 Pf bewertet, was für den *aqče* von 1584 einen Wert von nur noch 10,85 Pf ergibt. Die Wertminderung setzt sich in den folgenden Jahren konstant fort; sie ist nicht auf eine Verbilligung des Silbers zurückzuführen.

1585

Nach einer türkischen Urkunde (bei M. Akdağ, in: Belleten 13, Ankara 1949, 520) gingen damals auf eine Zechine 110 *aqče*, auf einen vollwertigen *ġurūš* (Piaster, Taler) 70 *aqče*. Dies bewertet den *aqče* mit 9,1 Pf, den Taler mit 6.37 M.

1586

Nach G. Zuallardo (Il devotissimo viaggio, Rom 1587, 334) gingen damals 73 bis 75 *mu'ayyadī* auf die Zechine; 5 *mu'ayyadī* machten einen *šāhī*, von denen einer 8 *aqče* galt. Dies bewertet den *aqče* mit 8,6 bis 8¹/₃ Pf.

1587

Nach den übereinstimmenden Berichten von Michael Heberer von Bretten (Aegyptiaca servitus, Heidelberg 1610, 286) und von Matteo Zane (in: E. Albèri, Relazioni III, iii, 413) gingen jetzt 120 Asper auf die Zechine. Jetzt galt der *aqče* also nur noch 8¹/₃ Pf.

Bestätigt wird dies durch die Reisebeschreibung des Reinhold Lubenau (1. Teil, in: Mitteilungen aus der Stadtbibliothek zu Königsberg, IV, Königsberg 1912, 202 und 304). Früher hätten „die Thaler nur 40 Asper gegolten, nun aber so viel kleiner gemuntzt werden, dass 80 Asper ein Thaler gelten. Und werden die Janiczaren noch mitt den altten Aspern besoldet, da 40 ein Thaler wert sein." Den Taler mit 6.66 M bewertet, galt der *aqče* nur noch, wie oben schon erwähnt, 8¹/₃ Pf. Der *šāhī* war zwar noch immer 8 *aqče,* galt aber nur noch -.67 M.

1588

Damit stimmt überein der Bericht „Die Reisen des Samuel Kiechel" (Stuttgart 1866, 334), wonach ein Asper soviel war wie ein Kreuzer, wobei 3 Kreuzer auf einen ägyptischen *mu'ayyadī* gingen und 40 dieser Münzen eine Zechine (10.- M) ausmachten. Auch hieraus errechnet sich der *aqče* (= Kreuzer) auf 8¹/₃ Pf.

1590

Nach Giovanni Moro (in: E. Albèri, Relazioni III, iii, 341) waren damals 10 Asper genau 16 *soldi,* von denen 200 eine Zechine ausmachten. Der *soldo* errechnet sich so auf 5 Pf, der *aqče* auf 8 Pf.

1593

„Des Freyherrn von Wratislaw merkwürdige Gesandtschaftsreise von Wien nach Konstantinopel" (Leipzig 1786, 392) berichtet, 26 Gefangene hätten vom Gesandten je 40 Asper erhalten, was 8 Dukaten (also 80.- M) ausmachte. Hieraus errechnet sich der *aqče* auf 7¹/₂Pf.

1599

Humphrey Conisby berichtet (in: Hakluyt, II. Serie, Bd. 67, London 1931, 295): „One of these [duckets] the last yere [1599] ran for 180 aspers, whiche, counting an asper for a halfpeny, comes to 7 s. 6 d. English. A dollor is here 5 s. sterlinge.“ Mit dem 'ducket' ist die Zechine von 10.– M gemeint, was für den *aqče* nur noch 5½ Pf ergibt, für den Taler aber wie üblich 6.66 M, für den shilling 1.33 M.

Nach einer Prozeßurkunde vom selben Jahr 1599 aus Bursa (nach M. Akdağ, in: Belleten 13, Ankara 1949, 532) gingen sogar 200 *aqče* auf die Zechine; der *aqče* galt also nur 5 Pf.

Dies bestätigt John Sanderson (in: Hakluyt, II. Serie, Bd. 67, London 1931, 202 f.); er schreibt, die Zechine, die in März und Mai 1600 mit 200 Asper [zu je 5 Pf] bewertet wurde, solle auf den alten Kurs von 120 *aqče* für den Dukaten und von 70 *aqče* für den Taler zurückgebracht werden, „but scarcelie I beleve it.“

1610

Die Skepsis von John Sanderson war jedoch nicht begründet; denn zehn Jahre später – 1610 – berichtet George Sandys (in: Purchas, Extra Series, Bd. 8, 163): „The Sultanie [das türkische Goldstück] is equall in value to the Venice Zecceene, and sixe score Aspers amount to a Sultanie.“ Somit gingen jetzt tatsächlich wieder 120 Asper auf die Zechine von 10.– M, was den *aqče* wie im Jahre 1587 wieder mit 8⅓ Pf bewertet.

Vom selben Jahr 1610 berichtet Johann Wild (Neue Reysbeschreibung, Nürnberg 1613, 181), in Kairo habe damals ein Asper soviel gegolten wie ein Kreuzer, also 8⅓ Pf; ein „barra“ = *para* galt 3 Kreuzer = 25 Pf. Auf S. 88 vermerkt er aus dem Jahr 1607 aus türkischem Hoheitsgebiet, tausend Asper = tausend Creutzer hätten 16 Gülden 40 Creutzer gegolten, wobei 60 Kreuzer auf den Gulden gingen; also galt ein „Gülden“ 5.– M.

1620

Der Wert von 8⅓ Pf für den *aqče* galt auch noch weitere zehn Jahre später. Denn L. S. D. Villamont berichtet (in: Les voyages de la terre saincte et autres lieux remarquables, Paris 1626, II, 40 a): Die Zechine (= „sultani“) gelte 15 „seya“ oder 120 Asper. Dies ergibt für den *šāhī* 66⅔ Pf, für den *aqče* 8⅓ Pf. Der „tollero (realles de huict d'Espagne)“, also der Taler oder spanische alte „ryal of eight“, galt noch immer 6.66 M, nämlich 10 *šāhī* und erweist den Fortbestand der Gold-Silber-Relation von 1 : 10. Der Kupfer-*mangur* wurde mit 1/16 *aqče* bewertet, also mit einem halben Goldpfennig.

1623

Heinrich Rantzow (Reise-Buch auff Jerusalem / Cairo in Aegypten und Constantinopell, Kopenhagen 1669, 11) berichtet, auf einer türkischen Mittelmeer-Insel seien damals 255 Asper „so viel als anderthalb Ziggin" gewesen. „Ein Spanische Real kostet 110 Asper / ein Ziggin 170." Dies bewertet den *aqče* mit nur 5,85 Pf. Bei dem unveränderlichen Grundwert der Zechine („Ziggin") von 10.– M errechnet sich der spanische Taler jetzt auf 6.47 M statt wie bisher auf 6.66 M. Dies deutet eine Verbilligung des Silbers an, auf die wir unten ausführlicher zurückkommen, aber noch geringer als im übrigen Vorderen Orient. Der Kursrückgang des Asper wird jedoch dadurch allein noch nicht erklärt; offenbar war die Münze verschlechtert worden. Die Silberverbilligung hatte in Persien und anderen Gebieten im Jahr 1622 zu einer Relation Gold:Silber von 1:12 geführt.

1636

Nach G.Chr. von Neitzschitz (Siebenjährige Welt-Beschauung, Budissin/Leipzig 1673, 240) galt damals eine Zechine 70 *mu'ayyadī,* von denen einer 3 *aqče* galt, nämlich 14,3 Pf; dies bewertet den *aqče* von 1636 mit nur noch $4^3/_4$ Pf.

1639

Nach dem Naṣīhat-Nāmé (ZDMG 18, 1864, 715) war damals „der Asper einem roten Kupferpfennig ähnlich"; 125 Asper gingen auf den *ġurūš* oder halben Dukaten. Bestätigt wird dieser Ansatz durch die Fez̲like-yi Kātib Čelebi (II, 1287, 1870, 223), wonach in der Zeit vor 1640 zwei *ġurūš* einen *altun* (eine Zechine von 10.– M) ausmachten und 125 *aqče* auf einen Piaster gingen. Beide Quellenzeugnisse führen auf einen *aqče* von 4 Pf und auf einen Taler von 5.– M.

1640

Am 24. Januar 1640 wurde neues, besseres Geld in Umlauf gesetzt, unter Rückführung auf den früheren Münzfuß von 1 *ġurūš* = 80 *aqče;* dies berichtet das Taʿrīḫ-i Naʿīmā (III, 460). Somit galt der neue *aqče* $9^1/_4$ Pf. Nach der Reform von 1640 galt der Löwenthaler 70 *aqče* = 4.37 M.

Die unter den Jahreszahlen 1639 und 1640 angeführten Belege erweisen, daß das Gold-Silber-Verhältnis, das im Vorderen Orient zwischen

1350 und 1620 fast durchgängig 1 : 10 gewesen war und im Jahr 1622 1 : 12 wurde, jetzt 1 : 13¼ betrug.

Dies erhellt aus folgendem. Der Taler enthielt 23,5 g Feinsilber. Das Gramm Feingold bewerten wir durchgehends mit 2.81 M. Solange das Gold-Silber-Verhältnis 1 : 10 gewesen war, galt der Taler 6.66 M, der Löwentaler 5.82 M. Jetzt war der Taler auf 5.– M abgesunken, der Löwentaler auf 4.37 M. Dies erweist eine Gold-Silber-Relation von 1 : 13¼. Diese Verbilligung des Silbers ist im ganzen Vorderen Orient zu beobachten.

1650

Unter dem minderjährigen Sultan Mehmed IV. wurden in Belgrad Aspermünzen geprägt, die nur noch ein Drittel Silber enthielten, zwei Drittel Zinn. Von diesen *aqče* gingen 160 auf den ungarischen Dukaten. (P. Ricaut, Historia oder Beschreibung von dem jetzigen Zustand des Ottomanischen Reichs, Frankfurt 1671, 39.) Da der ungarische Dukaten 9.375 M galt, errechnet sich dieser *aqče* auf 5,85 Pf, was jedoch zu niedrig ist. Denn aus derselben Zeit liefert der Reisebericht Les Voyages et Observations du Sieur de la Boullaye-Le-Gouz (Paris 1657, 528) folgende genaueren Angaben:

Die Zechine war gleich einem türkischen Goldstück mit der Bezeichnung *šerīfī* (etwa: 'erlaucht') und galt 160 *aqče.* Dies bewertet den Asper mit 6¼ Pf. Ein gewöhnliches türkisches Goldstück war gleich einem ungarischen Dukaten und galt 150 *aqče* = 9.375 M. Der spanische Taler (*real*) galt 80 *aqče* = 5.– M, der Reichstaler 82 *aqče* = 5.125 M, der Rijksdaler oder Löwentaler 70 *aqče* = 4.375 M. Diese Angaben erhärten unsere Feststellung, daß die Gold-Silber-Relation 1 : 13¼ geworden war. Der Kupfer-*mangur* galt ¼ *aqče* = 1,56 Pf.

1655

Für diese Zeit macht J. B. Thévenot (Voyages, Paris 1689, I 211) aus Konstantinopel folgende Angaben:

Die venedische Zechine galt 2 Piaster 10 Asper, die türkische Zechine 2 Piaster. Der normale Piaster galt 90 Asper, zuweilen nur 80. Der Löwentaler („aslanie", von türkisch *aslan* 'Löwe') galt 80 Asper, wenn der Piaster 90 Asper wert war; war jener nur 80 Asper wert, galt der Löwentaler 75 Asper. „L'isolotte vaut 55 aspres." Die *Zolota* genannte Silbermünze war offenbar polnischen Ursprungs. Das Wort bedeutet im Slawischen ursprünglich 'Gold', wurde aber in Polen – vgl. Zloty – zur Bezeichnung für 'Geld'. Nach Thévenot I 213 galt ein türkisches Goldstück (der *altun*) 2 *ġurūš* (Piaster) oder 180 *aqče* (Asper), zuweilen nur 160. Es gab Münzen zu 1, 2, 3, 4, 5, 6 und 10 Asper. Ein Asper galt 6 „quadrains", womit große Kupferstücke gemeint sind; es gab auch halbe „quadrains", die türkisch *mangur* hießen. Ein Asper entsprach 8 französischen *deniers.*

Aus diesen Angaben folgt: Der Asper (*aqče* ) galt im Jahr 1655 zwischen 5,88 Pf und 5,26 Pf; als Mittelwert setzen wir 5½ Pf an. Der Piaster hatte einen Durchschnittswert von 4.72 M, was einer Gold-Silber-Relation von 1:14 entsprach. Der holländische Löwentaler galt 4,16 M. Die silberne Zolota galt rund 3.– M. Ein französischer *denier* galt in der Türkei 0,68 Pf. Der Kupfer-*mangur* galt 0,46 Pf, der „quadrain" 0,92 Pf.

1673

Nach der Urkunde IX bei F. Babinger, Das Archiv des Bosniaken Osman Pascha, Berlin 1931, 38, gingen auf einen Löwentaler (*esedī ġurūš*) 88 *aqče,* was den Asper mit 4,55 Pf bewertet.

1680

Conte di Marsigli stellt in seinem Stato militare dell' imperio Ottomano (Haag/Amsterdam 1732, I vii 46) folgende Gleichungen auf:

80 Asper = 1 Solota; 120 Asper = 1 Löwentaler; 260 Asper = 1 ungarischer Dukaten; 300 Asper = 1 Zechine. Dies bewertet den *aqče* nur noch mit 3⅓ Pf. Der Wert des Löwentalers betrug jetzt 4,– M, der der Zolota 3,– M. Dies erweist eine Gold-Silber-Relation von 1:14½. Nach dem Conte di Marsigli hätte der ungarische Dukaten mit 260 Asper nur 8.67 M gegolten, was zu niedrig ist; er galt durchgehends zwischen 9.10 M und 9.35 M.

Aus ungefähr derselben Zeit – etwa vom Jahr 1678 – berichtet Grelot (Relation nouvelle d'un voyage de Constantinople, Paris 1680, 138), 4 Zechinen hätten 10 *écus* gegolten, was den *écu* wie den Löwentaler mit 4.– M bewertet. Auf S. 234 berichtet Grelot: 3 ou 4 aspres qui sont 18 deniers ou deux sols. Das soll offenbar heißen: 3 Asper galten 18 *deniers,* 4 Asper 2 sols = 24 *deniers.* Dies bewertet den *denier* mit 0,55 Pf.

1682

Eine türkische Urkunde aus diesem Jahr (bei H. Neumann, Türkische Urkunden und Briefe, in: Der Islam 7, 1917, 292) bestätigt, daß 120 *aqče* auf den Löwentaler zu 4.– M gingen, der *aqče* also noch 3⅓ Pf galt.

1688

In diesem Jahr prägten die Türken unter Süleiman II. selber silberne Zolota-Münzen im Gewicht von 6 *dirhem* = 19,23 g. (St. Lane-Pool, Coins of the Turks, London 1883, S. xxiv.) Sie waren also 78 v. H. fein, wenn wir von einem Wert von 3.– M für die Zolota ausgehen dürfen.

1694

In diesem Jahr unternahm Mustafa II. eine Münzreform. Neugeprägt wurden Goldmünzen mit der Bezeichnung *ṭuġrālı,* weil sie die Tughra – das 'Monogramm' – des Großherrn trugen. Eine solche Goldmünze wog 3,52 g, war einer Zechine (10.– M) gleichwertig und galt 300 *aqče.* Dies ergibt für den *aqče* wiederum einen Wert von 3 1/3 Pf. (Ta'rīḫ-i Rāšid, 2. Ausgabe, Bd. II, 383 f.)

Diesen Wert bestätigt Giovanni Francesco Gemelli Careri (Giro del Mondo, Bd. I, Venedig 1719, 279): „Hanno i Turchi monete di oro, e di argento. Della prima maniera sono i *Turali* che vagliono 300 aspri. Della seconda le *Isolotte,* del valore di 80 aspri, le mezze *Isolotte* di 40." Auch Careri setzt das *ṭuġrālı*-Goldstück dem Wert einer Zechine gleich, was den *aqče* -Wert von 3 1/3 Pf bestätigt. Als weitere Goldstücke erwähnt Careri „gli *Sceriff,* che vagliono 270 aspri". Die *šerīf*-Münzen werden auch *šerīfi* genannt. Da auf ein solches Goldstück 270 Asper gingen, galt es 9.10 M wie der ungarische Dukaten.

Vom Silbergeld erwähnt der Verfasser zuerst die sogenannten Isolotte, also die *zolota* genannten Münzen im Wert von 80 *aqče* = 2.67 M, und halbe *zolota*-Stücke im Wert von 1.33 M. Neu ist die Notiz von Careri: es gebe Silbermünzen namens *para* im Werte von 3 Aspern, also von 10 Pf. Heute bedeutet *para* im Türkischen einfach 'Geld'.

Endlich berichtet Careri: Si spendono anche in Turchia monete di altri Principi: come le pezze da otto per 140 aspri." Ein spanischer Taler galt also damals 140 *aqče* = 4.67 M und bestätigt eine Gold-Silber-Relation von 1 : 14 1/2.

1719

G.C. von den Driesch (Historische Nachricht, Nürnberg 1723, 224) bewertet den Dukaten mit 120 Para, was für diesen nur noch 8 1/3 Pf ergibt. Da ein Para 3 Asper galt, betrug der Wert des *aqče* jetzt 2,77 Pf. Vom Taler gingen im Jahr 1719 drei auf den Dukaten; sein Wert betrug somit 3.33 M. Gemeint ist wohl der holländische Löwentaler; allein, dessen Abwertung von 4.– M im Jahre 1694 auf 3.33 M im Jahr 1719 deutet auf eine abermalige, starke Verbilligung des Silbers hin, nicht auf Münzverschlechterung. Das Gold-Silber-Verhältnis war jetzt anscheinend 1 : 17½.

1725

Für diese Zeit hat A. Djevad (État militaire Ottoman, Bd. I, Konstantinopel/Paris 1882, 110) folgende Zusammenstellung von Münzen:

Neugeprägte Goldmünzen mit dem türkischen Namen *zinğīrli altun* = 'Ketten-Goldstück' waren 24 Karat fein und wogen 1,1 *dirhem* = 3,525 g. Ihr Wert errechnet sich somit auf 10.13 M und übertraf damit sogar den Wert der Zechine. Auf ein solches Goldstück gingen 400 *aqče,* was den Asper mit 2½ Pf bewertet. Ein sogenanntes İstanbul-Goldstück galt sogar 430 *aqče* = 10.75 M. Der ungarische Dukaten wurde in der Türkei mit 360 *aqče* = 9.– M bewertet, was etwas zu niedrig erscheint.

Der *ġurūš* oder Piaster, also der türkische Taler, galt 120 *aqče* = 3.– M. Für die den Persern abgenommenen neuen Gebiete wurden eigens Silbermünzen geprägt mit der Bezeichnung *sulṭānī;* sie trugen die Tughra des Großherrn; ihr Wert betrug 48 *aqče* = 1.20 M. Der *para* galt nach wie vor 3 *aqče* = 7½ Pf.

Von ausländischen Münzen liefen um: der Löwentaler (*esedī ġurūš*); er galt jetzt 144 *aqče* = 3.60 M, was eine Gold-Silber-Relation von 1 : 16 andeutet. Ferner der sogenannte 'schwarze Piaster' (*qara ġurūš*); er galt 181 *aqče* = 4.525 M und dürfte den spanischen Taler meinen. Endlich die *zolota,* hier also von ausländischer Prägung, galt 88 *aqče* = 2.20 M.

1733

Nach Charles Thompson (The Travels of the late Ch. Th., Dublin 1744, II 184 f.) galt ein türkisches Goldstück ungefähr 9 sh. Gemeint dürfte ein *šerīfī* im Wert von 9.10 M sein. Angeblich waren damals 5000 Asper etwas mehr als 10 pound sterling; dies ergäbe für den *aqče* einen Wert von etwas mehr als 4 Pf, was ganz unwahrscheinlich ist.

1740

Nach dem türkischen Chronisten Ṣubḥī (I 71, zitiert von A. Djevad, a. a. O. S. 111) wurden damals neue Goldmünzen geprägt mit der persischen Bezeichnung *zär maḥbūb* (etwa: 'Goldliebchen') mit der Tughra des Großherrn. Ein solches Goldstück wog 2,592 g und galt 330 *aqče* = 6.60 M, was den *aqče* mit etwa 2 Pf bewertet.

1750

B. Plaisted (bei Douglas Carruthers, The Desert Route to India, London 1929, 71) bewertete im Jahre 1750 den „fundiklee", ein offenbar neu aufgekommenes türkisches Goldstück *funduq altunı,* mit etwa einem halben pound sterling. Wie aus dem nächsten Abschnitt hervorgeht, war sein Wert genau 9.64 M. *funduq* ist das italienische *fondaco* im Sinne einer Handelsniederlassung.

1758

Edward Ives (A Voyage from England to India, London 1779, S. xii und 236) traf in Basra zweierlei türkische Goldstücke an. Das eine nennt er „Fenduki", meint also den *funduq altunı.* Der in Basra geprägte galt 27 „Marmoodas" = *muḥammadī,* von denen 28 auf eine Zechine gingen; ein solcher *funduq altunı* hatte somit einen Wert von 9.64 M. Der in Aleppo geprägte *funduq altunı* galt nur 22¹/₂ *muḥammadī,* also 8.03 M. Näheres zu den damals in Basra umlaufenden Münzen siehe im Kapitel Gebiet des Persischen Golfes, Abschnitt Basra.

In seiner „Table of Coins, and Monies" auf S. xii erwähnt Edward Ives: „2 Aspers = a Peraw; 40 Peraws = a Piastre or Dollar; a Piastre = 2 s. 9 d." Dies ergibt: 2 *aqče* = 1 *para,* 40 *para* = 1 Piaster oder Taler im Wert von 2 shillings 9 pence = 2.75 M. Dies ergibt für den *para* einen Wert von 6,87 Pf, für den *aqče* 3,43 Pf.

1771

Nach John Carmichael (bei D. Carruthers, a.a.O. S. 176) waren 26 Piaster = 3 pound sterling 2 sh, was für den Piaster einen Wert von 2.50 M ergibt.

1772

Der unbekannte Verfasser eines Buches Neueste Reisebeschreibung durch die vornehmsten Provinzen der Ottomannischen Pforte, Berlin und Leipzig 1722, S. 135 liefert folgende Angaben: „Asper = 3 Pfennig, Parat = 9 Pfennig, Rup = 6 Gr., Tult = 8 Gr., Zelot = 16 Gr., Aslan = 1 Rthlr. 300 Aspers sind ein türkischer Dukaten, Altine genannt."

Ausgangspunkt ist das türkische Goldstück *altın* im Wert von etwa 9.30 M = 300 Asper, was den *aqče* mit 3,1 Pf bewertet, den *para* = 3 Asper (nicht wie bei E. Ives 2 Asper) mit 9,3 Pf.

Der Rest ist ziemlich dunkel. Setzen wir die Silbermünze *zolota* („Zelot") von 1772 mit 1.56 M an wie im Jahr 1776 (s. d.), erhielten wir für den Groschen (Gr.) einen Wert von 9,75 Pf. Dementsprechend wäre der „Rup" = *rubʿ* oder Viertelpiaster = 6 Groschen = 58½Pf gewesen, der „Tult" = *ṯulṯ* oder Drittel-Piaster = 8 Groschen = 78 Pf. Der Piaster errechnet sich demgemäß auf 2.34 M, was zu hoch erscheint. Unter dem „Aslan" ist der holländische Löwentaler zu verstehen, der also soviel galt wie ein deutscher Rheintaler.

1776

Nach J. Griffiths (Travels in Europe, Asia Minor, and Arabia, London 1805, 308) galt der türkische Piaster, von ihm „Kersh-Asadee" genannt = *ġurūš-i esedī,* also der osmanische Löwentaler, 40 *para* = 2 sh 1 penny, was diesen Piaster mit 2.08 M bewertet. Es gab Stücke zu 5, 10 und 20 *para* zu je 5,2 Pf. Die „Zolota" oder „Isolote" genannte Silbermünze galt 30 *para* = 1.56 M. Der „Abu Kelb" oder holländische Löwentaler galt 60 *para* = 3.12 M. Alle diese Münzen heimischer Prägung seien „a base mixture of silver and copper" gewesen.

1777

Nach A. Djevad (a. a. O. S. 112) galt damals die Zechine, türkisch jetzt *yaldız altunı* oder 'Sternengoldstück' genannt, 5 *ġurūš* 10 *para* = 210 *para.* Dies bewertet den Piaster (*ġurūš*) mit 1.92 M, den *para* mit 4,79 Pf, den *aqče* mit 1,6 Pf. Das vorerwähnte Goldstück *zär maḥbūb* errechnet sich auf 140 Para = 6.70 M. Der ungarische Dukaten und der sogenannte *funduq altunı* ('Fondaco-Goldstück') galten je 5 Piaster = 9.58 M.

1781

Domenico Sestini (Viaggio da Costantinopoli a Bassora I, Florenz 1786, 160) berichtet aus Mossul: 1 Zechine = 5½ Piaster (*ġurūš*), was den Piaster mit 1.82 M bewertet; er galt 42 *para* zu je 4,28 Pf. Der heimische kurdische Piaster galt 60 *para* = 2.57 M. Die „isolotta" (*zolota*) galt 31 para = 1.33 M. Ein „Reichs-Zwanziger" (un svanzig dell'Imperio) galt in Mossul 14 *para* = 60 Pf, ein halber spanischer Filippino 15 *para* = 64,2 Pf, der Reichstaler („risdelero") 60 *para* = 2.57 M.

Von dem *fulūs* genannten Kupfergeld in Mossul gingen 18 auf den *para;* 1 *fals* galt also nur 0.24 Pf. „Vi sono i Bagadini, o Bagdadini, che sono 6 parà e 12 flùss, e così 6 fanno una piastra." Die *baġdādī* genannte Silbermünze galt somit 30,33 Pf.

Im selben Jahr 1781 berichtet Sestini aus Baghdad, ein in Konstantinopel geprägtes Goldstück *zär maḥbūb* gelte 3½ Piaster = 6.37 M, in Kairo geprägtes jedoch nur 3 Piaster = 5.46 M. Die venedische Zechine galt in Baghdad 5 *ġurūš* 20 *para,* was den Piaster mit 1.82 M und den *para* mit 4,28 Pf bewertet, genau wie in Mossul. Auch in Baghdad galt ein „Reichs-Zwanziger" 14 *para* = 60 Pf. Der Reichstaler galt ebenfalls wie in Mossul 60 *para* = 2.57 M.

Ferner berichtet Sestini aus Baghdad: „Vi è una moneta *Abassi* che è d'argento battuta in Bagdad con il nome del presente Sultan ... e passa a Bagdad, e a Bassora per 15 parà, e mezzo." Ein solcher Baghdader *ʿabbāsī* galt also 66,34 Pf; er war aber nicht identisch mit dem gleichzeitigen persischen *ʿabbāsī,* der damals etwa 10 Prozent weniger wert war. In Baghdad gingen 20 *fulūs* auf den *para*; 1 *fals* galt also nur 0,214 Pf.

1782

Sestini (a.a..O. S. 103f.) berichtet: „Nel 1782 in Costantinopoli si è veduto lo zecchino a piastre 5 et parà 10." Dies bewertet den Piaster (*ġurūš*) mit 1.91 M, den *para* mit 4,28 Pf.

1785

In seinem Buche Viaggio di Ritorno da Bassora a Costantinopoli (Florenz 1788, 172f.) berichtet Domenico Sestini:

In Kairo gingen damals auf die Zechine 215 bis 220 „Medini", was den *mu'ayyadī* mit 4,54 bis 4,65 Pf bewertet. Mit 4,65 Pf bewertete sich auch der türkische *para,* da 200 von ihnen einen „Ungaro d'oro" galten, der 9.30 M wert war. Dieses ungarische Goldstück galt in Kairo 2 „Patacche" 5–10 „Medini". Unter der *patacca* ist der Reichstaler zu verstehen („Tallaro Imperiale"); die Bezeichnung ist ursprünglich portugiesisch. Ein Reichstaler galt damals in Kairo etwa 4.50 M und war im Wert gleich mit dem „Collonaro" = 97 *para.*

Der in Konstantinopel geprägte türkische Piaster (*ġurūš*) wurde in Kairo mit 40 „Medini" bewertet, galt also 1.86 M. Offenbar gab es auch Silbermünzen zu 60 *para;* der Verfasser nennt sie „Sessantini di Costantinopoli", türkisch hießen sie wohl *altmıšlıq.* Eine solche Münze galt 2.79 M. Das Goldstück „Mahabub" = *zär maḥbūb* galt in Kairo 120 „Medini", also 5.58 M. Das Goldstück „Fondukli di Costantinopoli" galt in Kairo 160 *mu'ayyadī* = 7.44 M.

1804

Für diese Zeit gibt A. Djevad (a.a.O. S. 112) folgende Bewertungen: Die Zechine (*yaldız altunı*) galt 10 *ġurūš*, was diesen Piaster mit 1.– M bewertet, den *para* mit 2 1/2 Pf, den *aqče* mit 5/6 Pf. Den ungarischen Dukaten bewertete man mit 9 Piaster 20 *para* = 9.50 M, das Goldstück *funduq altunı* aber nur mit 9 Piastern = 9.– M. Das Goldstück *zär maḥbūb* Istanbuler Prägung galt 6 Piaster 20 *para* = 6.50 M, in ägyptischer Prägung jedoch nur 5 Piaster 20 *para* = 5.50 M.

1806

F. A. de Chateaubriand (Itinéraire II, 391 f.) berichtet: „La piastre turque, continuellement altérée par les beys et les pachas d'Égypte, ne s'élève pas, en Syrie, à plus de 33 sous 4 deniers, et le para à plus de 10 deniers." Auf den *sou* gingen 12 *deniers;* falls die aus Syrien stammenden Angaben des Verfassers mit unsrer voraufgehenden Berechnung des *para* = 2 1/2 Pf übereinstimmen, galt der französische *sou* damals 3 Pf, was für den Piaster den Wert von 1.– M bestätigen würde.

1809

Nach F. S. Darwin, Travels in Spain and in the East, 1808–1810 (Cambridge 1927, 104) galt damals der *para* „half-a-farthing" = 1/8 penny = 1 Pf.

1814

Nach der Promenade d'un voyageur prussien (Paris 1818, I, 240) galten damals in Kairo 80 Piaster etwa 8 guineas = 168,– M, was für den Piaster 2.10 M ergibt. Nach demselben Berichterstatter (I 301) galt in Jersualem der Piaster etwa 2 sh oder 48 sous, also etwa 2.– M.

1834

Damals gab es in der Türkei (nach: Reise des Marschalls Herzogs von Ragusa, Stuttgart 1837, II 27 f.) Goldstücke zu 20, 10 und 4 Piastern. Auf S. 205 findet sich die Gleichung: 24 Piaster = 6 francs, was für den Piaster einen Wert von $20^{1}/_{4}$ Pf ergibt. Auf ihn gingen 40 *para,* was diesen mit einem halben Pfennig bewertet.

1885

Nach Fritz Noetling (in: Zeitschrift des Deutschen Palästina-Vereins 9, Leipzig 1886, 153) galten damals im Ostjordanland und in Syrien $107^{1}/_{2}$ Piaster soviel wie 20 francs or; der *ǧurūš* galt also 15,07 Pf. Die *meǧīdiyye* genannte Münze galt 23 Piaster, also 3.45 M.

# Safawidenreich

Der Einstieg in die Währung des persischen Safawidenreiches (1501–1722) ist schwierig. Aus der voraufgehenden Zeit liegt nur spärliches Belegmaterial vor.

Ein solcher Beleg lautet: Im Jahre 1452 galt in Isfahan 1 Mesqal Gold regulär 100 *ʿerāqische* Dinar; ʿErāq bezeichnet das Gebiet des westlichen Mitteliran und darf nicht mit dem arabischen ʿIrāq verwechselt werden. Diese ʿerāqischen Dinare sind die Nachfahren des einstigen „gängigen Silberdinars" Ghazan Chans der Zeit um 1300 im Werte von damals 2.94 M. Da 1 Mesqal Gold 4,3 g wog, ergibt sich bei unserem Satz von 2.81 M für ein Gramm Feingold für den ʿerāqischen Dinar von 1452 ein Wert von nur 12 Pf. Dies ergibt einen Toman von 1200.– M. (Ketāb-e Diyārbakriyye des Abū Bakr Tehrānī, S. 237 meiner Handschrift.)

Ein zweiter Beleg bezieht sich auf das Reich der Aq-Qoyunlu als des unmittelbaren Vorgängers des Safawidenreiches. Ihr bedeutendster Herrscher war Uzun Hasan (regierte 1453–1478). Die von ihm geprägten Silbermünzen erhielten den Namen *Ḥasanbegī* und waren um 1518 in Ostanatolien noch immer in Umlauf. Eine solche Münze, auch einfach *tängä* genannt, wurde mit 2 osmanischen Aspern = 40 Pf bewertet; zum Asper/*aqče* sei auf das Kapitel Osmanenreich verwiesen.

Die Frage ist, wieviele ʿerāqische Dinare auf einen Ḥasanbegī gingen, vermutlich 4. Dies ergäbe für den Toman der Zeit um 1475 einen Wert von etwa 1000,– M. (Vgl. Tarih Vesikaları Bd. I, Ankara 1941, 101.) Ein Vierteljahrhundert später, unter dem ersten Safawiden, müssen wir in Anbetracht ständiger Münzverschlechterung mit einem Toman-Wert von weit unter 1000.– M rechnen.

## 1502–1511

Schah Ismaʿil I. (1501–1524) prägte im ersten Jahrzehnt seiner Regierung Silbermünzen zu 4, 2 und 1 Mesqal zu je 4²/₃ g Gewicht. Die Quellen verraten nicht, wie diese Münzen hießen. Vermutlich handelte es sich um sogenannte *tängä,* also um Silberstücke zu 4, 2 und 1 *tängä.* H. L. Rabino di Borgomale (Coins, Medals, and Seals of the Shâhs of Îrân (1500–1941), London 1945, 28) gibt als Standardgewichte der Silbermünzen von Schah

Isma'il I. der Präge zwischen 1502 und 1511 für die drei Münzarten 288, 144 und 72 grains = 18,66 g, 9,33 g und 4,66 g; von den ersten sah er 5 Stück, von den zweiten 17, von den dritten 86. Die Silbermünzen im Gewicht von 4,66 g waren also die vorherrschenden. Gehen wir von einem vermuteten Feingehalt von 90 Prozent aus, hätten wir es bei den leichtesten Silbermünzen mit 4,12 g Feinsilber zu tun. Nach dem damaligen Gold-Silber-Wertverhältnis von 1:10 wäre 1 g Feinsilber mit 28,1 Pf zu bewerten, das *tänga* demnach mit 1.15 M. Das 2-*tängä*-Stück galt demnach 2.30, das 4- *tängä*-Stück 4.60 M. Auf 'erāqische Dinare umgerechnet, haben wir es wahrscheinlich mit Silberstücken von 25, 50 und 100 Dinar zu tun. Daraus ergäbe sich ein Toman (10 000 Dinar) von 460.– M, bleibt aber unsicher.

1516–1521

Im Jahre 1514 wurde Isma'il I. von den Osmanen vernichtend geschlagen. So verwundert nicht, daß in der Zeit zwischen 1515 und 1521 keine Silbermünzen im Gewicht von 18²/₃ g mehr kursierten; es gab nur noch Stücke zu (theoretisch) 162 grains = 10¹/₂ g und 81 grains = 5¹/₄ g. Von den beiden ersten, die Rabino di Borgomale sah, wog das eine nur 158,3 grains, das andere sogar nur 150 grains; von den zweiten sah er 27 Stück, deren Durchschnittsgewicht nur 77,8 grains betrug. Vermutlich waren die ersten inzwischen zu 100-Dinar-Stücken geworden, die zweiten, viel häufigeren, zu 50-Dinar-Stücken. Als bloßen Anhalt schlagen wir vor, die 50-Dinar-Stücke mit 1.– M zu bewerten, die 100-Dinar-Stücke mit 2.– M. Dies ergäbe einen hypothetischen Toman von 200.– M.

1522–1523

In dieser Zeit begegnen uns verhältnismäßig zahlreiche Silberstücke zu 120 grains = 7,77 g, zu 60 grains = 3,88 g und zu 30 grains = 1,95 g. Am häufigsten sind (nach Rabino di Borgomale, a.a.O.) die ersten, halb so häufig die zweiten; von den 30-grains-Münzen sah er nur eine einzige. Auffällig ist jedoch, daß das Standardgewicht vom wirklichen Gewicht der Münzen meist so ziemlich erreicht wurde. Da wir aus dem Jahre 1530 eine Notiz von Pedro Teixeira haben (Relaciones, Antwerpen 1610, 337), wonach damals der Toman 16 Dukaten galt, also 160.– M, bewerten wir die Silbermünzen im Gewicht um 7 g als 100-Dinar-Münzen von 1.60 M, die 50-Dinar-Münzen mit 80 Pf, die 25-Dinar-Münzen mit 40 Pf.

1524–1576

Nach Ausweis der Münzen (bei Rabino di Borgomale, a. a. O. S. 30) stellte Schah Tahmasp (1524–1576) die Präge der 25-Dinar-Stücke ein, behielt aber die Präge der von seinem Vater geschaffenen 100-Dinar-Stücke und 50-Dinar-Stücke bei. Allerdings kennen wir die Namen dieser Münzen noch immer nicht.

Im Jahre 1526 sah sich Tahmasp jedoch zu einer abermaligen Münzverschlechterung genötigt. Er prägte Silbermünzen im Gewicht von 96 grains = 6,22 g, von 48 grains = 3,11 g und von 9,6 grains = 0,622 g. Dabei dürfte es sich um Stücke zu 100 Dinar, zu 50 Dinar und zu 10 Dinar gehandelt haben. Dazu kam im Jahre 1535 die Präge von Silbermünzen im Gewicht von 84 grains = 5,44 g. Dies bedeutete eine abermalige Abwertung, denn offenbar handelte es sich bei dieser Neupräge um 100-Dinar-Stücke. Es herrschte also ein ziemliches Chaos, das sich noch vermehrte, als die Hauptwährung unter Schah Tahmasp in Gang kam, und das schon ab 1529, allerdings dann bis zum Ende seiner Regierung im Jahre 1576.

Diese Hauptwährung bestand aus drei Silberstück-Arten: aus solchen im Gewicht von 72 grains = 4,66 g (also 1 Mesqal), von 36 grains = 2,33 g und von 14,4 grains = 0,933 g.

Über diese Hauptwährung liegen zum Glück auch europäische Zeugnisse vor. Es handelt sich um Silberstücke zu 100, 50 und 20 Dinar. Aus einem Brief von A. Edwards (in: Works issued by the Hakluyt Society, Extra Series III, 49 f., 52 f., 57, 63) geht hervor, daß ein Toman (10 000 Dinar) aus 200 *šāhī* bestand. Hier erfahren wir zum erstenmal, daß *šāhī* die Bezeichnung für die 50-Dinar-Münze war. Die 20-Dinar-Münze nennt er „Bist"; gemeint ist *bīstī* 'Zwanziger'.

Aus demselben Jahr 1566 berichtet L. Chapman (Hakluyt, a. a. O. III 142), 165 *šāhī* machten 9 ungarische Dukaten. Dessen Wert schwankte nach unseren Berechnungen um 9.30 M, ist also kein ganz sicherer Maßstab. Zu 9.– M bewertet, ergäbe sich für den *šāhī* in Wert von 66²/₃ Pf. Das stimmt überein mit der Angabe von A. Edwards (a. a. O.), ein Taler gelte 10 *šāhī*. Da dieser damals 6.66 M galt, ergibt sich für den *šāhī* ebenfalls 66²/₃ Pf. Die Entscheidung bringt die Chronik der Karmeliter (Carmelites II 775), wonach 15 *šāhī* auf die Zechine von 10.– M gingen. Somit ist der Wert des *šāhī* in der Zeit um 1566 mit 66²/₃ Pf genauestens ermittelt.

Hieraus ergibt sich für das 20-Dinar-Stück *bīstī* ein Wert von 26²/₃ Pf, für das 100-Dinar-Stück, dessen Namen wir noch nicht kennen, 1.33 M, und für den Toman (10 000 Dinar) 133.– M.

Unter der 52jährigen Herrschaft von Schah Tahmasp ist der Wert des Toman von rund 160.- M auf 133.- M abgesunken. Dies geschah während des ersten Jahrzehnts seiner Regierung, also zwischen 1524–1534, anscheinend in zwei Stufen; das einzelne ist noch unklar. Seine im Jahr 1529 einsetzende 'Hauptwährung' blieb dann jedoch konstant, das heißt, der Toman galt während der Zeit zwischen 1529 und 1576 grundsätzlich 133.- M.

1576–1577

Schah Isma'il II., der von August 1576 bis 24. November 1577 regierte, wertete die persische Währung überraschend auf. Während 1 Mesqal Gold (4,66 g) unter seinem Vater Tahmasp mit 1000 Dinar bewertet worden war, setzte Isma'il II. dessen Wert auf 800 Dinar herab. Entsprechend galt ein gleichschwerer Mesqal Silber nicht mehr 100, sondern nur noch 80 Dinar. (H.R. Roemer, Der Niedergang Irans nach dem Tode Isma'ils des Grausamen, Göttinger Dissertation 1939, S. 13.) Diese Quellenangabe bezeugt zugleich den Fortbestand der Gold-Silber-Relation von 1:10.

Unter Schah Isma'il II. galt somit der Toman 166.- M statt bisher 133.- M und übertraf damit sogar den Toman der letzten Jahre seines Großvaters Isma'il I., der 160.- M gegolten hatte.

1578–1587

Isma'ils II. Bruder und Nachfolger Schah Mohammad Chodabande kehrte jedoch zur Münzbewertung seines Vaters Tahmasp zurück. Nun galt der Mesqal Gold wieder 1000 Dinar, der Mesqal Silber 100 Dinar. Übrigens hatte sich die Münzprägung unter Isma'il II. nicht verändert (vgl. Rabino di Borgomale, a.a.O. S. 31), nur deren Bewertung.

Das Silberstück im Gewicht von 4,66 g galt jetzt also, wie erwähnt, wieder 100 Dinar, erhielt nun aber den Namen des Großkönigs, nämlich in der Vollform *solṭān-moḥammadī,* später auch *ḫodābandé;* meist aber, und das eineinhalb Jahrhunderte hindurch, wurde die 100-Dinar-Münze einfach *moḥammadī* genannt. (Chronik Ḫolāṣato't-Tawārīḫ des Aḥmad Qomī, ed. Eḥsān Ešrāqī, Band II, Teheran 1984, S. 667.)

Für die einzelnen Münzen des Schah Mohammad Chodabande ergibt sich (nach Rabino di Borgomale, a.a.O. S. 32) folgendes:

Die Goldstücke wogen im Durchschnitt 71,5 grains, waren also fast vollwichtig (72 grains). Bei einer vermutlichen Feinheit von 90 Prozent bestand das Tausend-Dinar-Stück aus 4,27 g Feingold zu je 2.81 M, bewertet sich also mit 12.– M. Hieraus folgt für den Toman ein Wert von 120.– M. Dementsprechend galt ein *moḥammadī,* das Silberstück zu 100 Dinar, 1.20 M; der *šāhī,* das Silberstück zu 50 Dinar, galt 60 Pf, der *bīstī,* das 20-Dinar-Silberstück, galt 24 Pf.

Diese Bewertung bestätigt sich durch das zur Währung des Schah ʿAbbas nachstehend Berichtete.

1588–1593

Schah ʿAbbas I. (1587–1629) behielt während der ersten fünf Jahre seiner Herrschaft die Währung seines Vorgängers bei.

1593–1622

Um das Jahr 1593 wertete ʿAbbas I. die Währung ab, stabilisierte sie aber zugleich. Der *moḥammadī,* das 100-Dinar-Silberstück, machte jetzt einem „neuen" *moḥammadī* Platz. Dieser wog statt 72 grains (1 Mesqal, 4,66 g) nur noch 60 grains = 3,88 g, also ein Sechstel weniger. Zugleich prägte ʿAbbas I. eine neue Silbermünze zu 120 grains (7,77 g), die seinen Namen erhielt, also *ʿabbāsī* genannt wurde und sich so lange forterhielt wie der *moḥammadī.* Die neue Währung blieb stabil bis 1622, als sich die Gold-Silber-Relation von 1:10 auf 1:12 verschob, Silber also an Wert einbüßte.

Am ausführlichsten beschreibt die neue Währung R. Steele in einem Brief vom Oktober 1615 (in: Calendar of State Papers, Colonial Series, East Indies, 1513–1616, S. 431). „The chefest money", so berichtet er, „that is current in Persia is the Abasse ... The second is the Mamede, which is half an Abasse. The third is the Shehey and is a quarter of an Abasse. In the rial of eight are 13 Shayes, in the cheken of Venetia 20 Shayes. In a Shaye are 2½ Bisties or Casbeges 10. One Bistey is 4 Casbeges or 2 Tanges. The Abasse, Mamede and Shahey and Bistey are of silver, the rest of copper like to the pissas of India."

Die wichtigste Angabe für die Bewertung der ʿAbbas-Währung ist die Feststellung, daß 20 *šāhī* (50-Dinar-Stücke) soviel galten wie eine venedische Zechine, also 10.– M, was den *šāhī* (50 Dinar) zuverlässig mit 50 Pf bewertet und für den Toman einen Wert von 100.– M ergibt. Dies bestätigt zugleich unseren Ansatz des Toman unter Schah Mohammad Chodabande, den wir mit 120.– M bewerteten; denn die neue Währung von ʿAbbas I. war durch Abwertung um ein Sechstel entstanden.

Bestätigt wird unser Toman-Wert von 100.– M zweifach. Zum einen durch R. Steele's Bemerkung, der Taler („rial of eight") gelte 12 „Shayes", das wären also 6.50 M. Der genauere Wert für den damaligen Taler wäre allerdings 6.66 M. Zum anderen wird unser Ansatz bestätigt durch die Notiz von Pietro della Valle (Viaggi, Teil II, Rom 1658, 26), wonach im Jahre 1619 „un Tomano, cioè dieci zecchini" war; 10 Zechinen galten aber genau 100.– M.

Als Zwischenbemerkung eine portugiesische Notiz: Nach Luis Pereira de Lacerda (ed. Roberto Gulbenkian, L'Ambassade en Perse de L. P. de Lacerda, Lissabon 1972, 100) war im Jahre 1604 ein Toman = 16 cruzados (portugiesische Goldstücke). Hieraus bewertet sich der cruzado mit 6.25 M.

Edward Pettus schrieb am 27. September 1618 (Calendar of State Papers, Colonial Series, East Indies, 1617–1621, S. 199), man buche in Persien nach *šāhī* (zu je 50 Pf) und fügte hinzu: „5 Abassees make one Azarr, or peece of gould, and 10 Azarr, or 10 peeces of gould, make one Tomand, which is 200 Shahees of Persia."

Allen diesen Angaben entnehmen wir für die ʿAbbas-Währung bis zum Jahr 1622 folgende Übersicht:

1 Toman = 100.– M; 1000-Dinar-Stücke, *hazār* („tausend") genannt, waren Goldstücke im Wert von je 10.– M. Aus Silber bestanden: der *ʿabbāsī* = 200 Dinar = 2.– M; der *moḥammadī* = 100 Dinar = 1.– M; der *šāhī* = 50 Dinar = 50 Pf; der *bīstī* = 20 Dinar = 20 Pf. An Kupfermünzen gab es *tängä* zu 10 Pf und *ġāzbegi* zu 5 Pf.

## 1622–1629

Im Jahr 1622 verschob sich wie schon erwähnt die Gold-Silber-Relation von 1 : 10 auf 1 : 12, kehrte also zum Stand des 14. Jahrhunderts zurück. Genauen Aufschluß über die neuen Geldwerte verdanken wir Thomas Barker (Calendar of State Papers, Colonial Series, East Indies, China and Persia, 1625–1629, S. 212), der am 14. Juni 1626 aus Isfahan schrieb: „Prices of ready moneys: the ryal of 8 [Taler] passeth without weighing at 13 shahees per dollar; the lion dollar at 10 shahees; Sultaneies [osmanische Goldstücke] and Hungary ducats at 24 shahees, Venice ducats at 24½ per piece; gold in mass sold ordinarily at 33½ to 34 shahees per mittigal [mesqal = 4,68 g]."

Die persischen Münzen waren von sechs Arten: „pieces (gold); abbassees, mahmodes, shahees and vistees (silver); and cusbeggs (brass); the coined gold is of one value and very seldom passing; in this country's language, it is called an *hezar,* which is English 'a thousand', i. e. a thousand deneires, which is 200 cusbeggs or 50 vistees or 20 shahees, or 10 mahmodes, or 5 abbassees; the abbassee being 200 deneires, the mahmode 100, the shaee 50, the vistee 20, and the cusbegg 5. The people do not make their account by naming so many abbassees oder shahees, but by tomauns (the greatest denomination) and thousands, hundreds, fiftees, etc., decimally." Rabino di Borgomale (S. 34, Anm. 1) bemerkt dazu: „Thus Iran took the lead in adopting a decimal system for its currency and accounts."

Ausgangspunkt für die Auwertung dieses aufschlußreichen Berichtes ist die Angabe, daß die Zechine von 10.– M 24½ *šāhī* galt, was den *šāhī*, also das 50-Dinar-Stück, mit 40,8 Pf bewertet statt mit 50 Pf in der Zeit vor 1622; beim Verkauf von 'Gold in Mengen' bewertete sich der *šāhī* sogar nur mit 39¼ bis 38⅔ Pf. Bei der Bemessung nach der Zechine ergibt sich für den Toman von 1626 ein Wert von 81.60 M. Der Taler (ryal of 8) galt 13 *šāhī* = 5.30 M, was etwas zu niedrig erscheint; denn sein damaliger Wert im übrigen Vorderen Orient war 5.50 M.

Liste der sechs Münzarten: der *hezār* (heute so ausgesprochen, eigentlich *hazār*), das Goldstück von 1000 Dinar, galt 8.16 M, war also offenbar nur noch 2,9 g Feingold. Der *ʿabbāsī*, das Silberstück zu 200 Dinar, galt 1.63 M; der *moḥammadī*, das Silberstück zu 100 Dinar, galt 81,6 Pf; der *šāhī*, das Silberstück zu 50 Dinar, galt 40,8 Pf; der *bīstī*, das Silberstück zu 20 Dinar, galt 16,3 Pf; der *ġāzbegi*, die gängige Kupfermünze, galt 4 Pf; nach Thomas Barker bestand sie aus Messing.

Diese Liste der Münzen in den letzten sieben Jahren der Regierung des Schah ʿAbbas I. bestätigt ein Bericht von Sir Thomas Herbert (Some Yeares Travels into Africa and Asia the Great, London 1638, 243) aus dem Jahre 1627. Er schreibt: „The Abbassee is in our money sixteen pence; Momoodee eight pence; Shahee four pence; double Cozbeg one penny; single Cozbeg one half penny; Fluces are ten to a Cosbeg." Da wir den *šāhī* zu 40,8 Pf ermittelten, bewertete sich der damalige penny mit 10,2 Pf. Mit dem „Mamoodee" ist der *moḥammadī* (das 100-Dinar-Silberstück) gemeint; er galt 8 pence = 81,6 Pf. Wir haben es also immer noch mit einem Toman von 81.60 M zu tun.

Die Kupfermünzen bewertet Sir Thomas allerdings etwas höher als Th. Barker. Er kennt noch einen „doppelten *ġāzbegi*", das frühere *tängä*, das Barker nicht erwähnt, und bewertet diese Kupfermünze mit 1 penny = 10,2 Pf. Der einfache *ġāzbegi* galt die Hälfte, also 5,1 Pf, während er bei Barker nur 4 Pf galt. Neu sind die „Fluces" = *folūs*. Dies müssen sehr kleine Kupfermünzen gewesen sein, da 10 von ihnen auf einen *ġāzbegi* gingen; ein *fals* galt also nur einen halben Pfennig.

1629–1642

Für die Zeit von Schah Safi ist wichtig eine Notiz vatikanischen Ursprungs aus der Zeit um 1640, wonach 106 Toman = 1590 spanische Taler waren. (Carmelites II, 776.) Gerade damals aber hatte sich im Osmanenreich die Gold-Silber-Relation von 1 : 12 auf 1 : 13¼ verschoben. So werden wir den spanischen Taler nicht mehr mit 5.50 M, sondern auch in Persien nur noch mit 4.98 M zu bewerten haben. Hieraus folgt für den Toman von 1640 ein Wert von 74.70 M.

Aus derselben Zeit besitzen wir eine Notiz des Vorstehers des Persienhandels der holländischen Ostindien-Compagnie, datiert 31. Dezember 1640 (bei Cornelis Speelman S. 398, s. weiter unten beim Jahr 1652), wonach der Toman damals 39 holländische Gulden 9⁶/₇ Stuiver galt. Bei einem Wert des Gulden von damals 1.78 M galt der Toman im Jahr 1640 also 74.26 M (oben hatten wir 74.70 M errechnet).

Nach der Tabelle von Rabino di Borgomale (S. 35) sind von Schah Safi Silbermünzen zu 120, 60 und 30 grains bezeugt, also *ʿabbāsī* (200 Dinar = 1.49 M), *moḥammadī* (100 Dinar = 74,7 Pf) und *šāhī* (50 Dinar = 37,35 Pf). Aus dem Jahr 1638 verfügen wir über ergänzende Notizen durch Adam Olearius (Vermehrte Newe Beschreibung der Muscowitischen und Persischen Reyse, Schleßwig 1666, 559–561): „Das Geld / so auff dem Marckte gäng und gebe / seynd silberne und kupferne Müntze. Man sihet gar selten mit Golde handeln. Die silberne Müntze seynd: Abas, Garem abas, oder Chodabende, Schahi und Bisti." Erstmals hören wir hier von der Bezeichnung „Garem abas" = *yarım ʿabbāsī* „halber ʿAbbāsī" (türkisch *yarım* = „halb") für den *moḥammadī* oder *ḫodābande* zu 100 Dinar. Als kleinste Silbermünze gab es im Jahr 1638 noch *bīstī* (20-Dinar-Stücke), „deren dritthalb auff einen Schahi gehen", also auf das 50-Dinar-Stück; unter „dritthalb" ist zweieinhalb zu verstehen. Dies ergibt für den *bīstī* einen Wert von 15 Pf. Dies führt auf einen Tomanwert von 75.– M; genauer wäre, wie oben dargetan, 74.70 M.

Aufschlußreich sind die Angaben von Adam Olearius (S. 561) über die persischen Kupfermünzen.

„Die kupfferne Müntze / so sie in gemein Pul [persisch *pūl*, heute zum Wort für 'Geld' geworden] / *in specie* aber Kasbeki [*qāzbegi*] nennen / gelten viertzig einen Abas." Eine solche Kupfermünze galt somit 3,7 Pf. „Mit der Kupffer-Müntze halten sie es also: Jegliche grosse Stadt hat ihre sonderliche Müntze / gilt auch nirgend als da sie geschlagen / und zwar nicht länger als ein Jahr / dann sie das Zeichen jährlich verendern. Sie haben bißweilen einen Hirsch / Bock / Satyr / Fisch / Schlange und dergleichen /

zu unser Zeit [1638] hatten die Kasbeki in Schamachie [in der nordiranischen Provinz Šīrvān] einen *Faunum* oder einen jungen Teuffel / zu Kaschan einen Hahn / zu Ispahan einen Löwen / in Kilan [Gīlān] einen Fisch; wenns nun gegen ihr Newe Jahr kömpt / nemblich nach unserm Calender im Februario / so werden die alten Kasbeken verbotten / und gelten zwey kaum einen / müssen also wieder in die Müntze kommen / woselbst man sie nur außglühet / und mit einem newen Stempel zeichnet. Das Pfund Kupffer kauffen sie umb einen Abas, dann können sie 64 Kasbeki müntzen." Da amtlich 40 *ġāzbegi* auf den *ʿabbāsī* gingen, war der Schlagschatz recht hoch bemessen. Das Pfund Kupfer kostete also 1.50 M. Da daraus 64 *ġāzbegi* geprägt wurden, kostete einer davon 2,34 Pf, wurde amtlich mit 3,7 Pf bewertet; der Schlagschatz belief sich somit bei jeder Kupfermünze auf 1,43 Pf.

1642–1667

Unter Schah ʿAbbas II. galt im Jahr 1652 (nach Cornelis Speelman, Journal der Reiz van den gesant der O. I. Compagnie Joan Cunaeus naar Perzie in 1651–1652, Amsterdam 1908, 93) der Dukaten 14 *moḥammadī,* was diese Silbermünze mit 71,43 Pf und den Toman mit 71.43 M bewertet. Die Gold-Silber-Relation betrug jetzt 1 : 14.

Auf S. 97 erwähnt Speelman eine Münze „ory", was einen *hazārī* meint, also ein 1000-Dinar-Goldstück im Werte von 7.14 M. Rabino (S. 36) erwähnt eine solche Goldmünze im Gewicht von 40,9 grains = 2,65 g; da ihr Wert 7.14 M betrug, war das Gold 97 v. H. fein, das Gramm Feingold zu 2.81 M berechnet.

Nach Speelman (S. 143) waren 30 *moḥammadī* 8 holländische Gulden wert; ein Gulden galt damals somit 1.78 M. Alle Rechnungen der Ostindien-Compagnie wurden in Toman und in *moḥammadī* geführt, deren Werte sich also wie 1 : 100 verhielten.

Die Kupfermünze *ġāzbegi* galt damals (nach Speelman S. 358) 2 Dinar = 1,4 Pf.

Jean-Baptiste Tavernier (Les six voyages, I, Paris 1679, 136) bewertete um 1660 den Golddukaten mit 27 *šāhī* zu je 50 Dinar, was diese Münze mit 37 Pf bewertet, also wie unter Schah Safi. Die Gold-Silber-Relation betrug somit wieder 1 : 13¼. Der *moḥammadī* zu 100 Dinar galt somit 74 Pf, der *ʿabbāsī* zu 200 Dinar 1.48 M. Eine Neuprägung von Schah ʿAbbas II. war der *nīm-hazārī,* der 'Halbtausender', also ein Silberstück im Wert von 500 Dinar = 3.70 M. Nach wie vor gab es den *hazārī,* das Goldstück zu 1000 Dinar = 7.40 M. Der Toman galt entsprechend 74.– M.

Für das Jahr 1665 liefert Jean-Baptiste Thévenot folgende Angaben (Voyages, Band II, Paris 1689, 304 und 565): Auf die Zechine gingen damals in Basra 7½ *ʿabbāsī,* was ein solches Silberstück zu 200 Dinaren mit 1.33 M bewertet, was einen Toman von 66.66 M ergibt. Aus Persien führt Thévenot nur Verhältnisse zwischen Silbermünzen an (S. 305). Er erwähnt als Neuerung eine große Silbermünze von 5 *šāhī* = 250 Dinar im Wert von 1.66 M. Dieser sogenannte „große *ʿabbāsī*" geht somit auf Schah ʿAbbas II. zurück. Der *moḥammadī* wurde türkisch auch *yüz altun* 'hundert Dinar' genannt und galt 2 *šāhī* zu je 33⅓ Pf = 66,6 Pf. Das waren damals 9 französische *sols,* was für den *sol* 7,4 Pf, für den *denier* 0,62 Pf ergibt. Die kleinste Silbermünze, der *bīstī* (20 Dinar), galt 13⅓ Pf und entsprach im Wert 4 *ġāzbegi;* eine solche Kupfermünze galt somit 3⅓ Pf oder 5½ *deniers.*

Im Jahr 1665 galt ein vollwichtiger Piaster oder Taler 12 *šāhī* 1 *bīstī* = 620 Dinar = 4.30 M. Dies entspricht einer Gold-Silber-Relation von 1 : 15; Silber war also erneut billiger geworden. Der Löwentaler galt 3 *ʿabbāsī* = 4.– M.

Von diesen (alten) *ʿabbāsī* = 200 Dinar sagt Thévenot: Les abassis sont les pièces qui ont plus de cours en Perse, c'est la meilleur monnoie du monde. Ils sont d'argent très-pur."

1667–1694

Aus der Zeit von Schah Soleiman haben wir folgende Nachrichten. Im Jahr 1671 bewertete J. Chardin (Voyages, ed. Langlès, Bd. IV, Paris 1811, 181) das 100-Dinar-Stück, also den *moḥammadī,* wie Thévenot mit 9 sols. Er gibt einen äußerst genauen *sol*-Wert (Bd. III, 219): 1 once (= 30,6 g) Gold galten 56 francs zu je 20 sols. Hieraus errechnet sich der *sol* zu 7⅔ Pf; nach Thévenot galt er 7,4 Pf. Hieraus gewinnen wir für den Toman einen Wert von 69.– M.

Diesen Wert bestätigt John Fryer (A new account of East-India and Persia, London 1698, 210), der ums Jahr 1680 – also neun Jahre nach Chardin – die Zechine mit 29 *šāhī* bewertet. Dies ergibt für den *šāhī* (50 Dinar) 34½ Pf, was einen Toman von 69.– M bestätigt.

Ein Jahr später, 1681, lieferte Sparr de Homberg (JA 11 XVI, Paris 1920, 111–113) folgende sehr ausführliche Darstellung: „10 orys [*hazārī,* Goldstücke im Wert von je 1000 Dinar] font un thoman. Chacqun ory a 10 mamoedis [*moḥammadī,* Silberstücke zu je 100 Dinar]. Un grand abbasi [Silberstücke zu 250 Dinar, die vorerwähnte Neuprägung unter Schah ʿAbbas II.] fait 2½ mamoedis, un petit abbasi [die alte Silbermünze zu 200

Dinar] fait 2 mamoedis; 1 mamoedy fait 20 ges Catsbegis [ġāz / ġāzbegi]; 1 ducat fait $14^{17}/_{20}$ ou 15 mamoedis."

Auszugehen ist von der Angabe, der Dukaten von 10.- M habe $14^{17}/_{20}$ oder 15 *moḥammadī* zu je 100 Dinar gegolten. Dies ergibt für den Toman einen Wert zwischen 66.66 M und 67.34 M; als Mittelwert setzen wir 67.- M an. Das 1000-Dinar-Goldstück galt somit 6.70 M, das 100-Dinar Silberstück 67 Pf. Vom halben *hazārī* oder 500-Dinar-Silberstück ist nicht mehr die Rede; dessen Präge wurde offenbar eingestellt. Der „große *ʿabbāsī*" zu 250 Dinar galt 1.67 M, der „alte *ʿabbāsī*" zu 200 Dinar galt 1.34 M. Die kleinste Silbermünze, den *šāhī* zu 50 Dinar, erwähnt Sparr de Homberg nicht; er galt um 1681 noch $33^1/_2$ Pf.

Die Kupfermünze *ġāz* oder *ġāzbegi* galt 5 Dinar = 3,35 Pf. Dies bestätigt im Jahre 1694 eine Notiz von G. F. Gemelli Careri (Giro del Mondo II, Venedig 1719, 158), wonach ein *ʿabbāsī* (offenbar der alte „kleine" zu 200 Dinar) 40 „Kasbehe" gegolten habe. Dies ergibt für den *ġāzbegi* $3^1/_3$ Pf, nämlich 1.34 M : 40.

In der Zeit zwischen 1688 und 1718 wurde in Iran Silber knapp und daher teurer. Während dieser Zeitspanne verschob sich die Gold-Silber-Relation von 1 : 15 auf 1 : 12. Dies geschah wahrscheinlich nicht ruckartig, sondern allmählich; das einzelne dieser Verschiebung ist noch undurchsichtig. Soweit wir aus der Zeit zwischen 1688 und 1718 Vergleiche besitzen zwischen persischem und europäischem Silbergeld, ermöglichen diese keine Rückführung der persischen Münzen auf Gold, bleiben daher im folgenden unberücksichtigt. Wir beschränken uns also auf Quellenbelege, die auf Gold basieren; dies um so mehr, als mit der Silberverteuerung eine Geldverschlechterung einherging.

Nach Engelbert Kaempfer (Amoenitates exoticae ..., fasciculi V, Lemgo 1712, 53) war im November 1685 das alte Geld plötzlich für ungültig erklärt worden. Dies bestätigt eine vatikanische Notiz vom Jahr 1688 (Carmelites II, 776): „Now, since a new coinage has been struck ..., there have been three sorts of money current here - that of the highest, medium and lowest valuation - the old coinage being partly prohibited, partly allowed."

## 1694–1722

Unter dem letzten Safawiden Schah Soltan Hosein hielt sich die persische Währung vergleichsweise stabil.

Im Jahre 1711 bewertete Charles Lockyer (An Account of the trade in India, London 1711, 241) die Zechine (10.- M) mit 31 bis 32 *šāhī*. Demnach galt ein 50-Dinar-Stück $32^1/_4$ Pf bis $31^1/_4$ Pf, was für den Toman einen Wert zwischen 64.50 M und 62.50 M ergibt.

Einen ausführlichen Bericht vom 4. September 1718 verdanken wir dem französischen Konsul Gardane aus Isfahan (bei Rabino, Coins 42). Aus seiner Angabe, der Mesqal Gold werde zu 36 *šāhī* verkauft, der Mesqal Silber zu 3 *šāhī*, geht hervor, daß das Gold-Silber-Verhältnis jetzt 1 : 12 geworden, Silber also teurer geworden war. Der Wert des Mesqal Gold = 4,23 g bewertet sich gemäß unserem Satz von 2.81 M für ein Gramm Gold mit 11.88 M. Dies entsprach 36 *šāhī* (50-Dinar-Stücken), was den *šāhī* mit 33,3 Pf bewertet, den Toman entsprechend mit 66.60 M.

Die Silbermünzen, so berichtet Gardane, hätten geringen Feingehalt; ein Drittel alles umlaufenden Silbergeldes sei verfälscht. Dagegen sei das persische Goldstück, *ašrafī* genannt, sehr gutes Gold, wiege ungefähr soviel wie eine Zechine und gelte 3 Piaster oder 3 französische Kronen oder 9 *livres* zu je 20 *sols.* Da alle drei Bewertungen eine Zechine von 10.– M ausmachen, errechnet sich der Piaster [ = Zolota] auf 3.33 M, desgleichen die französische Krone; 1 *livre* war damals 1.11 M, 1 *sol* 5,55 Pf.

Die größte Silbermünze von 1718 war nach Gardane der *bešlik* (türkisch 'Fünfer', nämlich 5 *šāhī*) im Werte eines halben Piasters = 1.66 M. Dann kam der *ʿabbāsī* (200 Dinar), von dem $2^1/_2$ einen Piaster ausmachten, einer also 1.33 M galt. Der halbe *ʿabbāsī,* türkisch *yüz altun* („100 Dinare") genannt, oder *moḥammadī* galt $^1/_5$ Piaster = 66,6 Pf. Die kleinste Silbermünze – so Gardane – war der *šāhī* (50 Dinar), von denen 10 auf einen Piaster gingen. Der *šāhī* galt somit 33,3 Pf. Der *bīstī* (20 Dinar), die früher kleinste Silbermünze, bestand jetzt aus Billon und galt 4 *ġāz* genannte Kupfermünzen. Von den letzten gingen 10 auf den *šāhī;* ein *bīstī* galt somit 13,3 Pf, der *ġāz* 3,3 Pf. Die Kupfermünze ġāz hieß auch *pūl,* was im heutigen Persisch „Geld" bedeutet, und wog soviel wie 2 französische *liards.* Es gab auch Kupfermünzen zu 2 ġāz = 6,6 Pf.

Gardane bemerkt noch weiter: Aus Europa eingeführte Piaster erzielten 50 Prozent Gewinn; demnach wurde dort Silber wesentlich niedriger bewertet als in Persien. Ein „Sevillan" (Piaster aus Sevilla) im Gewicht von einer französischen Unze (30,6 g) galt $4^1/_2$ *ʿabbāsī* = 5.98 M, was einer Gold-Silber-Relation von sogar 1 : 11 entspricht. Ein Löwentaler galt $3^1/_2$ *ʿabbāsī* = 4.65 M.

## 1721

In diesem Jahr galt der Toman immer noch 66.60 M. Nach einer vatikanischen Notiz (Carmelites II, 776) galten 32 Toman soviel wie 640 Piaster der Art Zolota von Aleppo zu je 10 *šāhī*. Der Zolota war also nach wie vor 3.33 M, der *šāhī* 33,3 Pf.

1728

Zwischen 1721 und 1728 muß der Toman stark abgesunken sein. Eine Angabe in den Factory Records der East India Company (s. Carmelites II, 776) aus dem Jahr 1728 besagt, 5240 *šāhī* seien = 131 Zechinen gewesen; 22 *šāhī* hätten einen deutschen Taler gegolten. Dies bewertet den *šāhī* (das 50-Dinar-Stück) nur noch mit 25 Pf, den Toman also mit 50.– M. Für den deutschen Taler ergäbe sich daraus ein Wert von 5.50 M, was eine Gold-Silber-Relation von 1 : 12 widerspiegelt.

1729

In diesem Jahr vermeldet eine Basra-Chronik (s. Carmelites II 776), 9 Toman seien 200 Zolotas gewesen. Damit ist nicht viel anzufangen. Sicheren Boden betreten wir im Jahr 1730. Damals galt der Toman (nach Carmelites II 777) annähernd 6 Zechinen = ungefähr 60.– M. Dieser Kursverbesserung dürfte eine Verbilligung des Silbers zugrunde liegen. Der Zolota von 1730 berechnet sich auf etwa 2.70 M. Dieselbe Quellenstelle setzt 7 Toman mit 100 römischen *scudi* gleich, was diesen mit 4.20 M bewertet.

# Gebiet des Persischen Golfes

## Basra

Das Emirat Basra am Persischen Golf besaß auch unter fremder Oberhoheit lange Zeit eine eigene Währung bei gleichzeitigem Geldumlauf fremder Währungen. Dabei war persischer Einfluß besonders nachhaltig. Im Jahre 1534 eroberte der Osmanensultan Soliman der Prächtige den damals unter safawidischer Herrschaft stehenden Iraq; 1538 wurde auch das Emirat Basra türkisch.

1584

Hauptquelle für die Währung von Basra im 16. Jahrhundert ist W. Barret (in: Hakluyt Society, Works, Extra Series Bd. 6, 10–12):

„The currant mony of Balsara is as foloweth. There is a sort of flusses of copper called *Estivi,* wherehof 12 make mamedine, which is the value of one medine Aleppine, the said mamedine is of silver, having the Moresco stampe on both sides, and two of these make a *danine,* which is 2 medines Aleppine. The said danine is of silver, having the Turcesco stampe on both sides, and 2 and halfe of these make a *Saie,* which is in value as the Saie of Aleppo. The Said Saie is of the similitude and stampe of Aleppo, being (as appeares) 60 estives. Also one Say and 20 estives make a *larine,* which is of Aleppo money 6 medines and a halfe."

Ausgangspunkt für die Auswertung dieser Angaben ist die weitere Angabe von W. Barret, in Basra und Baghdad gebe es „Saies" zu je 5 „medines", und von den letzten gingen 47 auf eine Zechine.

Hieraus errechnet sich der syrische *mu'ayyadī* („medine") auf 21,27 Pf und der *šāhī* („saie") auf 1.06 M. Dieser *šāhī* ist zwar ein persisches Lehnwort, stellt aber eine eigenständige Silberprägung dar, die wohl im Iraq ihren Ursprung hatte, sich aber auf Syrien, Palästina und Ägypten ausbreitete, ja auch auf die Türkei.

Zunächst zu den Kupfermünzen, die W. Barret „flusses" = arab. *fulūs* nennt. Von ihnen gingen 12 auf einen „mamedine" = *muḥammadī.* Dieses Silberstück darf nicht mit dem gleichnamigen safawidischen Silberstück im Werte von 100 Dinar verwechselt werden, das wir in persischer Aussprache *moḥammadī* umschreiben. Der *muḥammadī* von Basra galt soviel wie ein *mu'ayyadī* von Aleppo, also 21,27 Pf. Für ein solches Silberstück bekam man 12 Kupfermünzen, türkisch *mangur* genannt, die von W. Barret jedoch als *estives* bezeichnet werden. Dahinter verbirgt sich der persische Ausdruck *haštī*, wörtlich 'Achter'. Er begegnet häufig in einer osmanischen Urkunde vom Jahre 1575 über Steuern und Zölle in Basra. Ihr Herausgeber Robert Mantran (in: JESHO Bd. 10, 1967, 255 Anm. 1) faßt diese Kupfermünze, die er neutürkisch *heşti* umschreibt, als Achtel-Asper auf, und das stimmt; denn der *aqče* von 1575 galt 14,7 Pf. Nach W. Barret gingen 12 „estives" auf den *muḥammadī* von 21,27 Pf, was für den *haštī* einen Wert von 1,77 Pf ergibt. Mit 8 multipliziert, ergäbe dies einen Asper-Wert von 14,18 Pf, was unserem oben gegebenen Wert von 14,7 recht gut entspricht.

Als in Basra gängige Silbermünze nennt W. Barret den „danine". Aus der vorerwähnten osmanischen Urkunde (bei R. Mantran, a. a. O. S. 242 f.) erfahren wir, daß damit eine Silbermünze mit dem persischen Namen *dah-nīm* gemeint ist. Das Wort bedeutet wörtlich „[von] zehn ein halbes" und kann daher auch „5 Prozent" ausdrücken. Hier aber ist eine Münze gemeint, der wir in Persien selbst bisher nicht begegneten. W. Barret bewertet sie mit 2 *mu'ayyadī* von Aleppo, also mit 42,54 Pf. Die erwähnte osmanische Urkunde setzt 27 *dah-nīm* mit 108 *aqče* gleich, was für den Asper der Präge von Basra einen Wert von nur 10,63 Pf ergibt, während er in der Türkei damals 14,7 Pf galt.

Als weitere in Basra gängige Silbermünze erwähnt W. Barret den nichtpersischen *šāhī* („Saie"), den wir oben mit 1.06 M errechneten; er galt 60 *haštī* oder Kupfer-*mangur* zu je 1,77 Pf.

Als letzte in Basra gängige Silberprägung erwähnt W. Barret den „larine" oder *lārī*; über diesen findet sich Näheres im anschließenden Abschnitt über Lar. Barret bewertet den *lārī* mit 1 *šāhī* 20 *haštī* oder mit 6½ *mu'ayyadī* der Präge von Aleppo. Dies ergibt für den *lārī* im Basra des Jahres 1584 einen Wert von 1.38 M.

1652

Zu dieser Zeit betrug der Wert des *lārī* nach Cornelis Speelman (Journal der Reiz ... naar Perzie, Amsterdam 1908, 303) einen halben holländischen Gulden im Wert von damals 1.78 M, also 89 Pf bei einer Gold-Silber-Relation von 1 : 14.

1665

Nach J. B. Thévenot (Voyages II, Paris 1689, 565) galt die Zechine im Jahr 1775 in Basra 7½ persische *ʿabbāsī* (200-Dinar-Stücke), von denen eines also 1.33 M wert war. Sie waren damals selten, desgleichen der Löwentaler (von Thévenot „boquelle" genannt = arabisch *abū kälb*), der „15 chaïs de Bassora" galt. Diese vom Pascha von Basra geprägten *šāhī* waren kleine, sehr dünne Silbermünzen. Da 5½ von ihnen auf einen *ʿabbāsī* zu 1.33 M gingen, galt ein Basra-*šāhī* 24¼ Pf. Es gab auch Silberstücke zu 2 *šāhī* = 48½ Pf und halbe *šāhī* = 12⅛ Pf. Gängigste Silbermünzen im damaligen Basra waren der neue persische *ʿabbāsī* (das 5-*šāhī*-Stück zu 250 Dinar) = 1.66 M und der alte persische *ʿabbāsī* (das 4-*šāhī*-Stück zu 200 Dinar) = 1.33 M.

Auffällig ist die Notiz, daß die „boquelle", also der holländische Löwentaler, nur 15 Basra-*šāhī* galt, also 3.64 M, was einer Gold-Silber-Relation von 1 : 16 entspräche; in Persien war sie im Jahr 1665 aber noch 1 : 15.

Der Pascha von Basra prägte auch Kupfermünzen mit dem türkischen Namen *mangur;* von denen 30 auf den Basra-*šāhī* gingen; ein *mangur* war also ⅘ Pf wert. Es gab auch Kupferstücke zu 3 *mangur* = 2,4 Pf. Der osmanische *para* galt in Basra 6 *mangur;* 5 *para* gingen auf einen Basra-*šāhī*. Der *para* war also 4,85 Pf wert.

1758

Fast zweihundert Jahre nach W. Barret verdanken wir einen weiteren, ausführlichen Bericht über die in Basra gängigen Währungen Edward Ives (A Voyage from England to India usw., London 1773, 236).

Als eigentliche Basra-Münze begegnen uns noch immer *muḥmmadī* und *dah-nīm,* die erste stark gestiegen, die zweite tief abgefallen. Nach E. Ives gingen im Jahr 1758 auf die Zechine 28 „Marmoodas", was den *muḥammadī* mit 35,7 Pf bewertet. Er galt 100 „Fluce" (*fulūs*); 1 *fals* galt somit 0,357 Pf und war wohl keine eigentliche Kupfermünze mehr. Zehn *fulūs* machten einen „Dunnen" (a. a. O. S. xii) oder „Denim" (ebenda S. 236), also einen *dah-nīm* im Werte von 3,57 Pf; aus der einstigen Silbermünze dürfte jetzt eine Kupfermünze geworden sein.

Als „Cruse Bassora" bezeichnet E. Ives den örtlichen Silberpiaster. Mit „Cruse" meint er türkisch *ġurūš;* Näheres dazu im Abschnitt „Osmanenreich". Ein Basra-Piaster galt 4 *muḥammadī* 50 *fulūs,* also 1.60 M. Er war der geringste Piaster im damaligen Vorderen Orient; denn der Piaster von Aleppo galt in Basra 600 *fulūs* = 2.14 M, der türkische (anatolische)

„Cruse Rume" (*ġurūš-i Rūmī*) galt 710 *fulūs* = 2.53 M, der Piaster von Baghdad galt 850 *fulūs* = 3.03 M.

Basra prägte auch zwei Arten osmanischer Goldstücke. Die eine nennt E. Ives „Fenduki", womit der *funduq altunı* gemeint ist; dieses Goldstück galt in Basra 27 *muḥammadī* = 9.46 M. Das gleiche Goldstück der Präge von Aleppo galt bloß 22 1/2 *muḥammadī* = 8.03 M. Die andere Art osmanischer Goldstücke nennt E. Ives „Zirmaboob" (persisch-arabisch *zär-i maḥbūb*); ein solches Goldstück der Präge von Basra galt 19 3/4 *muḥammadī* = 7.05 M. Das gleiche Goldstück der Präge von Baghdad galt hingegen in Basra 24 *muḥammadī* = 8.57 M.

In Basra lief wohl immer auch persisches Geld um. E. Ives berichtet: „A Persian Rupee is 5 Marmoodas 50 Fluce." Dieses Silberstück dürfte der Rial gewesen sein und galt in Basra 1.96 M. (Die Bombayer Rupie galt in Basra 560 *fulūs* = 2.– M.) Die zweite Art persischer Silbermünzen, die in Basra gängig waren, war der „Abasse" = *ʿabbāsī* (200 Dinar); er galt 220 *fulūs* = 78 1/2 Pf. Die dritte Art war die Silbermünze „Naderee" = *nāderī* und galt 330 *fulūs* = 1.18 M.

## Lar

Eine der Standardwährungen im Bereich des Persischen Golfes war der *lārī*. Diese anscheinend zu Beginn des 16. Jahrhunderts aufgekommene, eigenartige Münze wurde in Lar, der Hauptstadt des damals noch selbständigen Larestan in Südiran, geprägt. Sir Thomas Herbert, der 1627 in Lar weilte, bemerkt in Some yeares travels into Africa and Asia the Great (London 1638, 127): „Neere this Buzzar (Bazar in Lar) are coyned the *Larrees,* a famous sort of money, shaped like a long Date stone, the Kings name stampt upon pure silver." Selbst für die Maldiven ist um 1606 diese Prägung bezeugt. (F. Pyrard, Voyage, in: Hakluyt Society, Works Bd. 76, London 1887, 235.) Der *lārī* bestand aus einem doppelt gebogenen und beidseitig gestempelten Stück Silberdrahtes von 98 v. H. Feinheit und 5,1 bis 4,8 g Gewicht. (J. Allan, The coinage of the Maldive Islands with some notes on the *cowrie* and *larin,* in: Numismatic Chronicle, Fourth Series, Bd. 12, London 1912, 318–222; zur Feinheit vgl. Āʾīn-e Akbarī [Bibliotheca Indica N. S. 30, I, Calcutta 1873, 38], wonach 1 Rupie 1 *tōla* 2 *sorḫ* reines Silber kaufte oder 1 *tōla* 4 *sorḫ* *lārī*-Silber, was 2 v. H. Legierung bedeutet.) Wegen der Reinheit seines Silbers wurde der *lārī* eine äußerst beliebte Münze, deren Verbreitung sich von Persien und dem Iraq bis an die Westküste Indiens und nach Ceylon erstreckte.

Belege dafür sind: A. Corsali bei G. B. Ramusio, Navigationi et viaggi I, Venedig 1563, 188 a: „Hanno anche vna sorte di moneta di tanta finezza, et si buona, che corre per tutte le terre di queste parti, così nella India, et Arabia, come nella Persia.“ W. Barret (1584, in: Hakluyt Society, Works, Extra Series Bd. 6, Glasgow 1904, 12): „... these be the best money in all the Indies.“ Pietro della Valle (1622, in: Viaggi, Teil II, Rom 1658, 490): „... nè vi è moneta, in somma, in tutti questi parti [in den Reichen der Türken, Perser und des Großmoghuls] che corra più di questa.“ J. B. Chardin (um 1670, Voyages, Bd. 4, Paris 1811, 185 f.): „Il y a une monnoie tout le long du golphe Persique, nommé *larins,* qui est celle dont on s'y sert le plus dans le commerce.“

1517

Unser frühester Gewährsmann, der Florentiner Andrea Corsali (um 1517), kennt die Bezeichnung *lārī* noch nicht, sondern nennt diese Münze einfach *tängä,* was auf indischen Einfluß hindeutet; 6 von ihnen gingen auf den Dukaten zu 10.– M (in: G. B. Ramusio, a. a. O. I, 188 a); der *lārī* galt damals somit 1.66 M.

1525

Im Jahre 1525 gab es bereits *lārī* alter und neuer Prägung. Die neuen galten 3 *tängä* 10 *dīnār,* die alten 3 *tängä* 9 *dīnār,* wobei 12 Dinar in Lar 1 *tängä* ausmachten. (Lembranças de cousas da India, em 1525, in: JA 11, xvi, Paris 1920, 206.) Diese kleinen *tängä* dürfen also nicht mit den eigentlichen *lārī-tängä* verwechselt werden. Falls mit den „alten *lārī*“ die von 1517 gemeint sein sollten, die wir mit 1.66 M bewerteten, wäre 1525 ein „neuer *lārī*“ sogar 1.70 M, ein (kleines) *tängä* 44,4 Pf wert gewesen.

1554

Für die Zeit um 1554, für die wir die ausführlichen, unten ausgewerteten Angaben des Antonio Nuñez besitzen, dürfen wir wahrscheinlich *lārī* und indisches *tängä* (d. h. das *tängä* aus dem portugiesischen Herrschaftsbereich Indiens) im Wert gleichsetzen, nämlich zu 1.43 M.

Hierbei ist folgende Überlegung anzustellen. Zwei portugiesische Quellen, die eine von 1525 (Lembranças, a. a. O. S. 196), die andere von 1554 (A. Nuñez, in: JA 11 xvi 90), geben übererinstimmend das Gewicht des *lārī* mit 1/45 des portugiesischen *marco* von 229,48 g an, also mit 5,1 g, und bewerten ihn mit 60 *réis.* Von dem oben ermittelten Wert von 1.66 M für den *lārī* ausgehend, wäre ein portugiesischer *real* = 2,8 Pf gewesen. Um 1554 war er aber nur 2,38 Pf wert, da damals 420 *réis* auf eine Zechine von 10.– M gingen (JA 11 xvi 75). Also galt um 1554 der *lārī* wie erwähnt nur noch 1.43 M wie das gleichzeitige *tängä* in Goa oder Diu. Da sich jedoch weder das Gewicht der Münze noch ihr Feingehalt, der Ruhmestitel des *lārī*, geändert hatten, so drängt sich der Schluß auf, daß zwischen 1517 und 1554 eine Verschiebung des Gold-Silber-Wertverhältnisses eingetreten sein muß.

Dieses Verhältnis war um die Mitte des 16. Jahrhunderts wie im Safawidenreich sicher 1:10, wie folgende Berechnung ergibt. Wenn 1 g Feinsilber den zehnten Teil von 1 g Feingold (Standardkurs: 2.81 M) wert ist, müssen wir es mit 28,1 Pf bewerten; 1 *lārī* von 5,1 g käme danach, wenn er ganz aus Feinsilber bestünde, auf 1.44 M – in Wirklichkeit aber, da er nur 98 v.H. fein war, auf 1.42 M, also praktisch auf den oben von uns ermittelten Wert von 1.43 M. Zwangsläufig ergibt dann ein mit 1.66 M bewerteter *lārī* vom Jahr 1517 einen Silberpreis von 33,3 Pf. je Gramm, was zu einer Gold-Silber-Relation von 1:9¼ führt. Offenbar stand also der *lārī* der Zeit um 1517 nicht nur hinsichtlich seiner Benennung als *tängä* unter dem Einfluß des Mogulreiches, sondern auch hinsichtlich des Gold-Silber-Wertverhältnisses, das zur Zeit Akbars (1556–1605) tatsächlich 1:9¼ betrug.

1581

Der englische Kaufmann John Newbery berichtet, damals sei in der Stadt Lar 1 „Tanger" = 12 „Pull" gewesen. (Purchas, Extra Series, Bd. 8, S. 460.) Nehmen wir für die Zeit um 1581 dasselbe Verhältnis zwischen *lārī*, *tängä* und *dīnār* in Lar an wie 1525, so errechnet sich, da der *lārī* damals, wie sogleich zu zeigen ist, 1.37 M galt, 1 *tängä* („Tanger") auf 36 Pf, 1 *pūl* („Pull", Kupfermünze) auf 3 Pf.

1584

W. Barret berichtet (Hakluyt Society, Works, Extra Series Bd.6, 1904, 12): „The duckat of gold is woorth ... 7 *larines,* and one *danine.*" Den „danine" = *dah-nīm* ermittelten wir (im Abschnitt „Basra") mit 42,54 Pf, was für den *lārī* (den Dukaten wie üblich zu 10.– M angesetzt) den oben schon erwähnten Wert von 1.37 M ergibt. Der leichte Kursrückgang seit 1554 dürfte mit einer Verringerung des Münzgewichtes um 0,3 g auf 4,8 g zusammenhängen. Die Gold-Silber-Relation war bereits um die Mitte des 16. Jahrhunderts 1:10 geworden, hatte sich also vom indischen Einfluß gelöst und sich dem Wertverhältnis des Safawidenreiches angeglichen. Sonst müßte der *lārī* nicht 1.37 M gegolten haben, sondern um 1.55 M.

Als ungefähre Bestätigung des lārī-Wertes von 1.37 M kann eine Notiz von G. Balbi (Viaggio dell'Indie Orientali, Venedig 1590, 51 b) dienen, wonach auf Hormuz im Jahre 1580 1 *larino* = *soldi* 26 *piccoli* 8 venetiani gewesen sei. Da 1 *soldo* den 200. Teil einer Zechine von 10.– M bildete und aus 12 *piccoli* bestand, errechnet sich Balbi's *lārī* auf 1.33 M.

1600

Um diese Zeit gingen 8 *lārī* auf einen „Xarafy de oro" (*ašrafī*) von ziemlich genau 10.– M; der *lārī* galt somit noch 1.25 M. (Relaciones de Pedro Teixeira d'el origen, descendencia y svccession de los Reyes de Persia, y de Harmuz, Antwerpen 1610, 351.) Damals gingen 65 *maravedi* auf einen *lārī* (Pedro Teixeira, Breve Relacion del principio del Ryno Harmuz, Antwerpen 1610, 77), was für den portugiesischen *maravedi* einen Wert von 2,08 Pf ergibt.

1615

Um diese Zeit bewerteten R. Steele und Th. Barker den Taler (riyal of eight, real da ocho) mit 5 1/4 *lārī.* (Calendar of State Papers, East India Series, 1513–1616, S. 431; ebenda, 1617–1621, S. 155.) Der spanische Taler galt damals, bei einer Gold-Silber-Relation von 1 : 10, 6.66 M; dies bewertet den *lārī* mit 1.27, also ungefähr gleich wie um 1600. Eine weitere Bestätigung liefert F. Pyrard, der den *lārī* um 1606 mit etwa 8 *sols* bewertet hatte, von denen um 1616 64 auf die Zechine gingen; 1 *sol* war somit 15,6 Pf wert, der *lārī* also 1.25 M. (Hakluyt Society, Works, Bd. 76, London 1887, 232; Sieur Bénard, Le voyage de Hiervsalem, Paris 1621, 12.)

1627

Im Jahr 1627 gibt Sir Th. Herbert (Some yeares travels, London 1638, 243) dem *lārī* nur einen Wert von 10 pence, dem persischen *ʿabbāsī* einen solchen von 16 pence. Da der Toman gegen Ende der Herrschaft des Schah ʿAbbas (1587–1629) mit 81.60 M zu bewerten ist, der *ʿabbāsī* also mit 1.63 M, errechnet sich 1 *penny* in Iran damals auf 10 1/5 Pf, der *lārī* somit auf 1.02 M.

Dieser Kurssturz hängt mit einer Verschiebung des Gold-Silber-Wertverhältnisses von 1 : 10 auf 1 : 12 zusammen, die um 1622 erfolgte.

*Ausklang des lārī*

Adam Olearius, der 1637/38 in Persien weilte, gibt zwar keine Bewertung des *lārī,* doch findet sich bei ihm die Notiz, er sei die Münze der frühen Safawiden gewesen. (Oft begehrte Beschreibung der Newen Orientalischen Reise, Schleswig 1647, 425.) Olearius schreibt: „Vor diesem aber haben sie [die Perser] andere Münze, *Lari* genannt, gehabt, war von zusammengebogenem silbern Draht, in der Mitten ein wenig platt geschlagen und darauf geprägt, ... sind etwas schwerer als ein *Chodabende,* soll Schach Ismails I. Münze gewesen sein." Ein *ḫodābendé* oder *moḥammadī,* von Schah Mohammad Chodabande 1578 eingeführt, wog 1 mesqal = 4,63 g.

Nach dem völligen Aufgehen Larestans im Reiche der Safawiden unter den Nachfolgern des Schah ʿAbbas I. ging die Prägung der *lārī*-Münzen offensichtlich stark zurück. J. Chardin (Voyages Bd. 4, Paris 1811, 187) behauptet sogar, die Prägung sei ganz eingestellt worden, und man sehe daher kaum noch *lārī*-Stücke kursieren; „mais on ne laisse pas de compter par cette monnoie en tout ce pays-là, et aux Indes, le long du golphe de Cambaye et dans les pays qui en sont proches."

Die Bewertung des *lārī* folgte seit etwa 1650 genau der safawidischen Reichswährung, und zwar galt ein *lārī* soviel wie 125 Dinar, den achtzigsten Teil eines Toman. (J. B. Tavernier, Les six voyages, Bd. I, Paris 1678, 125; J. Chardin, Bd. 4, S. 185.)

Um 1660 war ein Toman = 74.– M; somit galt der *lārī* damals 92¹/₂ Pf, was, auf 4,4 g Feinsilber dieser Münze bezogen, eine Gold-Silber-Relation von 1 : 13¹/₄ erkennen läßt.

Um 1675 bewertete John Fryer (A new account of East-India and Persia, London 1698, 406) die Zechine von 10.– M mit 29 *šāhī* zu je 50 Dinar; der *lārī* galt 125 Dinar, also 86¹/₅ Pf. Dies entsprach einer Gold-Silber-Relation von 1 : 15.

Im Jahre 1681 notierte Sparr de Homberg (JA II, 16, Paris 1920, 112 f.) einen etwas geringeren Wert. Damals gingen 15 *moḥammadī* zu je 100 Dinar auf die Zechine, was den Toman (10 000 Dinar) mit 66.66 M bewertet, den *lārī* (125 Dinar) also mit 83¹/₃ Pf.

Die letzte Notierung des *lārī* stammt, soweit ich sehe, vom Jahr 1711. Damals galt ein *lārī* immer noch 125 Dinar, also 2¹/₂ *šāhī.* Von diesen gingen 31 bis 32 auf die Zechine, was den *šāhī* mit 32¹/₄ bis 31¹/₄ Pf bewertet. Für den *lārī* ergibt sich daraus ein Wert zwischen 80³/₅ und 78¹/₈ Pf, im Durchschnitt also von 79 Pf. (Charles Lockyer, An account of the trade in India, London 1711, 241.)

## Hormuz

Im Reiche von Hormuz am Persischen Golf bestand im 16. Jahrhundert unter portugiesischer Oberhoheit eine Dinar-Währung, die seit etwa 1550 zur gleichzeitigen safawidischen im Verhältnis 1:4 gestanden zu haben scheint, das heißt, der Hormuz-Dinar galt damals nur ein Viertel des safawidischen Dinar.

Im ersten Viertel des 16. Jahrhunderts liefen an Silbermünzen außer *lārī-tängä* im Werte von 1.66 M nur sogenannte *ṣādī* oder 100-Dinar-Stücke um, von denen 20 auf den Dukaten gingen, also jedes 50 Pf galt. Die sogenannten *hazār* oder 1000-Dinar-Stücke waren damals noch aus Gold und hießen auch halbe *ašrafī;* sie galten einen halben Dukaten oder 5.– M. Die ganzen *ašrafī* waren dem Dukaten gleich, also 10.– M wert; sie hießen portugiesisch *xerafin.* (A. Corsale in G. B. Ramusio, Navigationi et viaggi, Band I, Venedig 1563, 188 a.)

Aus dem Jahre 1518 berichtete Duarte Barbosa (in: Works issued by The Hakluyt Society, II. Serie, Bd. 44, London 1918, 99 f.), in Hormuz werde Gold und Silber geprägt: „one coin of very good gold, round like ours, with Moorish letters on both sides, which are called *xerafins,* and are worth 300 *reis,* more or less. The most part of them are coined in halves, each worth 150 *reis.* In silver there is a long coin like a bean, also with Moorish letters on both sides, which is worth 3 *vinteens* (= 60 *réis*), more or less, which they call *tangas,* and this silver is very fine." Also kannte auch Duarte Barbosa für den damaligen *lārī* nur die Bezeichnung *tängä;* er galt, wie oben erwähnt, damals 1.66 M.

Um die Mitte des 16. Jahrhunderts waren die *hazār* oder 1000-Dinar-Stücke zu Silbermünzen geworden. Außer Silber-*ṣādī* liefen noch Kupfermünzen um im Werte von 10 Dinar, *fals* genannt. Zwei *hazār* gingen auf einen Gold-*pardão,* der mit den in Hormuz umlaufenden indischen 5-tängä-Silberstücken gleichwertig war. (Viaggio dell'Indie Orientali, di Gasparo Balbi, Venedig 1590, 51 b; Antonio Nuñez, in: JA II xvi, 66.) Damals, um 1554, kostete in Hormuz der mesqal feinsten Goldes im Gewicht von 3,825 Gramm 3 *hazār* 2 *ṣadī.* (A. Nuñez, a. a. O. S. 52.) Zu dem von uns als Norm angesetzten Betrag von 2.81 M je Gramm Feingold wäre demnach 1 mesqal Gold = 10,75 M, ein *hazār* = 3.36 M. Somit erhalten wir in Hormuz für die Zeit um 1554 folgende Übersicht:

| | |
|---|---|
| 1 Gold-*pardão* | = 6.72 M |
| 1 *hazār* (Silber) | = 3.36 M |
| 1 *ṣadī* (Silber) | = 33,6 Pf |

1 *fals* (Kupfer) = 3,36 Pf
1 indisches *tängä* = 1.34 M.

Nach einer Notiz von N. Nuñez (a. a. O. S. 75) wurde das indische Silber-*tängä* allerdings mit 1/6 Zechine = 1.66 M bewertet; dieser in Goa gültige Kurs lag also um 32 Pf höher als in Hormuz.

Hormuz prägte auch weiterhin Gold-*ašrafī* (portugiesisch *xerafim,* italienisch *sarafino*), das Stück mit 300 *réis* bewertet, von denen 420 damals eine Zechine ausmachten, woraus sich der portugiesische *real* in Hormuz damals auf 2.38 Pf errechnet (nach A. Nuñez, a. a. O. S. 66 und 75).

Über die zu jener Zeit in Hormuz gültige Gold-Silber-Relation gibt folgende Berechnung Aufschluß. Um 1554 bezahlte man für einen *marco* (= 229,48 g) Silber 9 *pardão* 9 *ṣadī* = 189 *ṣadī.* (A. Nuñez, a. a. O. S. 52.) Setzt man den oben ermittelten Wert von 33,6 Pf je *ṣadī* ein, so errechnet sich das Gramm Feinsilber auf 27,67 Pf. Bezogen auf den Gold-Standardpreis von 2.81 M je Gramm ergibt dies eine Gold-Silber-Relation von ziemlich genau 1 : 10.

Um 1580 war die Hormuzer Silberwährung erheblich abgesunken. Der *lārī* galt damals 5 1/4 *ṣadī* (so übereinstimmend G. Balbi, a. a. O. S. 51 b, und W. Barret, in: Hakluyt, Extra Series Bd. 6, S. 14). Dies ergibt für den *ṣadī* (ausgehend von dem oben ermittelten *lārī*-Wert von 1.37 M) 26,1 Pf, für den *hazār* 2.61 M; 1 *läk* (100 000 Dinar) galt 260.95 M.

Der gleichzeitige Gold-*pardão* hingegen errechnet sich aus der Gleichung: 190 *larini* = 38 *pardai* 1/2 *larino* (G. Balbi, a. a. O. S. 51 b); er galt also, den *lārī* mit 1.37 M angesetzt, 6.83 M; das sind 11 Pf mehr als dreißig Jahre früher. Der Hormuzer Gold-*xerafim* hingegen war auf 24 *ṣadī* = 6,38 M abgesunken. Dies berichtet W. Barret (a. a. O. IV, 14 f.): „There is also stamped in Ormuz a *seraphine* of gold, which is litle and round, and is worth 24 *sadines,* which maketh 30 *medines* of Aleppo." Da damals nach demselben Gewährsmann 47 *mu'ayyadī* auf den Dukaten gingen (a. a. O. S. 10), errechnet sich der *mu'ayyadī* auf 21,27 Pf, der *xerafim* also auf 6.38 M. Um 1550 hatte er noch 7.14 M gegolten.

Im Jahre 1618, also kurz vor dem Aufgehen von Hormuz im persischen Safawidenreich (1622), machten zwar immer noch 5 1/2 *ṣadī* einen *lārī* aus (Th. Barker, Brief vom 2. April 1618, in: Calendar of State Papers, Colonial Series, East Indies, 1617–21, S. 155); aber da damals der *lārī* nur noch 1.25 M galt, so errechnet sich 1 *ṣadī* auf 22,7 Pf. Entsprechend galt damals 1 *hazār* 2.27 M, 1 *läk* 227.27 M.

Die gleichzeitigen kleinen Kupfermünzen (*folūs*) hatten einen Wert von 0.568 Pf, da 40 von ihnen auf den *ṣadī* gingen; es waren also nominell 2 1/2-Dinar-Stücke.

# Iran zwischen Safawiden und Qadjaren

1736–1747

Nader Schah Afshar stiftete eine Goldmünze namens *mohr-ašrafī* im Gewicht von 11,08 g; ums Jahr 1745 galt sie 6100 Dinar. (H. Vasmer, in: Islamica 6, 140 f.) Die genauesten Angaben über die Währung der Zeit Nader Schahs (1736–1747) liefert Jonas Hanway (An Historical Account of the British Trade over the Caspian Sea, Bd. I, London 1754, S. 292 f.). Er setzt das Gewicht des „Muhr ashreffie, or treble ducat" mit 2 Mesqal 9 Karat, also mit 2³/₈ Mesqal an. Nach ihm waren 1200 Mesqal „ordinarily 12,2 lb English", was für den Mesqal den korrekten Gewichtswert von 4,61 g ergibt. Hieraus folgt für den *mohr-ašrafī* ein Feingewicht von 10,948 g im Wert von 30.76 M = 6100 Dinar. Dies bewertet den Dinar mit 0,50436 Pf.

Den venedischen Dukaten mit 17³/₄ Karat = 3,41 Feingold bewertet Hanway mit 1800 Dinar, was für den Dinar 0,53225 Pf ergibt. Im ersten Fall erhalten wir einen Toman (10 000 Dinar) von 50.43 M, im zweiten Fall von 53.22 M. Wir gehen daher für den damaligen Toman von einem Mittelwert von 52.– M aus.

Davon ausgehend erhalten wir nach Hanway für die sonstigen Münzeinheiten unter Nader Schah folgende Werte:

Das *hazār-dīnār* („tausend Dinar") genannte Silberstück galt 5.20 M und wog fein 5 Mesqal = 23 g. Demnach galt 1 g Silber 22,6 Pf, was einer Gold-Silber-Relation von 1 : 12²/₅ entspricht. Die Russen nannten nach Hanway dieses persische Tausend-Dinar-Stück auch Rubel; der Rubel galt damals also 5.20 M, die Kopeke 5,2 Pf. Die Briten nannten das Tausend-Dinar-Silberstück *mildenaer,* was Rabino di Borgomale (S. 52, Anm. 2) zu Recht als Verballhornung von *min-dīnār* (von türkisch *min* 'tausend') deutet. Die Briten bewerteten den „mildenaer" mit einer *crown* (5 sh), was den damaligen shilling mit 1.04 M gleichsetzt.

Das nächstkleinere Silberstück unter Nader Schah nennt Hanway „Peng sid denaer, or rupie, or nadirie"; gemeint ist die Münze *pänǧ-ṣad-dīnār* (fünfhundert Dinar) im Werte von 2.60 M, in Persien meist *nāderī* genannt, in Indien Rupie.

Weitere Silbermünzen der Zeit Nader Schahs waren: der alte *ʿabbāsī* zu 200 Dinar = 1.04 M; der *ṣad-dīnār* oder alte *moḥammadī* zu 100 Dinar =

52 Pf, und der *šāhī* zu 50 Dinar = 26 Pf. Der alte *bīstī* zu 20 Dinar = 10,4 Pf war nur noch eine fiktive Silbermünze. Die Kupfermünze *ġāzbegi* galt 5 Dinar = 2,6 Pf.

In derselben Zeit (um 1745) bewertet eine Notiz vatikanischen Ursprungs (Carmelites II 777) den *bīstī* (das theoretische 20-Dinar-Stück) mit 2½ *sols*, den *ʿabbāsī* zu 200 Dinar mit 1 *livre*. Daraus ergibt sich für den damaligen Wert der französischen *livre* im Orient ein Wert von 1.04 M, für den *sol* 4,16 Pf.

1750–1779

Währungsangaben aus der Zeit von Karim Chan Zänd sind nur spärlich überliefert.

1750

Aus dem Jahr des Herrschaftsbeginns von Karim Chan Zänd berichtet B. Plaisted in dem Buch von Douglas Carruthers, The Desert Route to India (London 1829, 65), in Basra hätten 2188 „Mamoodies" = *moḥammadī* 48 pound sterling = 998.40 M gegolten. Dies bewertet den *moḥammadī* mit 45,63 Pf. Wenn es sich dabei um persische 100-Dinar-Münzen handelte, ergäbe sich für den Toman ein Wert von 45.64 M. Möglicherweise sind jedoch Münzen der Basra-Prägung gemeint und ist daher dieser Tomanwert zu hoch. In Aleppo galten damals 6 *moḥammadī* einen türkischen Piaster, der demnach 2.74 M wert war. Allerdings setzt B. Plaisted (a. a. O. S. 104) den Piaster mit einer halben englischen crown gleich, was nur 2.60 M ergäbe.

1758

In diesem Jahr berichtet Edward Ives (A Voyage from England to India, London 1773, 236), in Basra habe der *ʿabbāsī* (das 200-Dinarstück) soviel gegolten wie 2 *moḥammadī* 20 *fulūs*, also 2⅕ *moḥammadī*; von den letzten gingen 28 auf die Zechine. Demnach galt der *ʿabbāsī* 78,5 Pf, was für den Toman 39.28 M ergibt. E. Ives traf in Basra auch „Naderee" genannte Silbermünzen an, die zur Zeit Nader Schahs 2.60 M gegolten hatten; jetzt galten sie nur noch 3 *moḥammadī* 30 *fulūs* (also 330 *fulūs* oder Kupfermünzen) = 1.18 M.

1766

In Basra waren damals 14 989 Rupien zu je 2.50 M = 1289 Toman, was für den Toman einen Wert von 29.07 M ergibt. (Robert Stevens, The Complete Guide to the East-India Trade, London 1866, 102.) Eine parallele Gleichung setzt die Rupie teils mit 8 *moḥammadī* 60 *fulūs* gleich, also mit 8,6 *moḥammadī*, was diesen mit 29,07 Pf bewertet, den Toman somit mit 29.07 M.

1770

Damit stimmt ziemlich gut überein, was Samuel Gottlieb Gmelin (Reise durch Rußland zur Untersuchung der drey Natur-Reiche, Dritter Theil, St. Petersburg 1774, 138) überliefert.

Er erwähnt den „Muhr Aschraffie oder drey doppelten Ducaten", also den von Nader Schah begründeten *mohr-ašrafī*, den wir mit 30.76 M bewerteten; „anjetzo [1770] gelten sie [diese Goldstücke] 10 Rubel und 10 Copeken. Dies bewertet den Rubel mit 3.05 M. „Ein Toman, ein eingebildete Münze, besteht aus 10 Hazardenaers [*hazār-dīnār* = 1000 Dinar] oder Rußischen Rubels." Demnach galt der Toman (10 000 Dinar) damals 30.50 M, also nur 1.43 M mehr als nach dem voraufgehenden Ansatz von R. Stevens vom Jahr 1766. Das Tausenddinar-Silberstück bewertete sich demgemäß mit 3.05 M wie den Rubel.

„Ein Sißiddenaer [*siṣad-dīnār* = 300 Dinar] oder Schis Schachia [*šiš-šāhī* = 6 *šāhī* = 300 Dinar] beträgt nur 37 1/2 Copeck = 1.14 M.

„Ein Abbas" – also der *ʿabbāsī* zu 200 Dinar – galt 25 Kopeken = 76 1/4 Pf. „Ein siddenaer" [*ṣad-dīnār* = 100 Dinar] galt 12 1/2 Kopeken = 38 1/8 Pf, „ein Schachie" [*šāhī* = 50 Dinar] 6 1/2 Kopeken = 19,8 Pf.

Alle diese Silbermünzen zwischen 300 Dinar und 50 Dinar erscheinen bei Gmelin überbewertet, weil sie einen Toman-Wert von etwa 38.– M voraussetzen, während wir oben einen Wert von nur 30.50 M ermittelten, der verläßlich erscheint.

„Ein Bistie [*bīstī* = 20 Dinar] ist 2 Copeck [6,1 Pf]; diese [20-Dinar-Stücke] sind sowohl von Silber, als Kupfer." Sie bestanden also aus Billon. Diese Rechnung führt wieder auf den (richtigen) Toman-Wert von 30.50 M. Die Kupfermünze Käzbekie [ġāzbegi] = 5 Dinar galt 1/4 Kopeke = 0,76 Pf; dies kann nicht stimmen, es muß 1/2 Kopeke = 1 1/2 Pf heißen.

# Qadjarenreich

1796–1797

Agha Mohammad Chan, der Begründer der Qadjaren-Dynastie, hatte sich 1779, im Jahre des Todes von Karim Chan Zand, gegen dessen Dynastie erhoben; er wurde aber erst 1796 Schah von Iran und schon 1797 ermordet. Der einzige Abendländer, der damals in Persien reiste und darüber berichtete, war G.A. Olivier (Voyage dans l'Empire ottoman, l'Égypte et la Perse I–III, Paris 1801, 1804, 1807).

Olivier (III 180) berichtet, die persische Währung bestehe aus schweren, *pūl* genannten Kupfermünzen, ungefähr 2 cm dick, ungefähr 2,5 cm im Durchmesser. Diese gab es reichlich; dagegen waren Gold- und Silbermünzen äußerst selten.

Rabino (S. 63) kannte vier Silbermünzen aus der Zeit von Agha Mohammad Schah mit einem Durchschnittsgewicht von 193 grains = 12,5 g. Das Gramm Feinsilber galt damals (s. dazu weiter unten) 18,13 Pf; bei 100 v. H. Feingehalt hätten diese Münzen 2.26 M gegolten. Nehmen wir einen Feingehalt von etwa 75 v.H. an, ergäbe sich ein Wert von 1.70 M für diese Silbermünze. Sie dürfte also ein *hazār-dīnār* oder Tausend-Dinarstück gewesen sein, was für den damaligen Toman einen Wert von 17.– M ergibt.

1797–1834

Der Nachfolger von Agha Mohammad Schah Qadjar war sein Neffe Fath Ali Schah. Für die Währung seiner 37jährigen Herrschaft fließen die Quellen reichlich.

1802/3

Edward Scott Waring (A Tour to Sheeraz, London 1807) gibt (S. 128) eine interessante Liste der damals in Iran anzutreffenden ausländischen Münzen. „Those of the most general circulation are the Qoorosh, or Peastre of the Turks, and the Mujjur, or Dutch ducat." Mit der letztgenannten Goldmünze dürfte jedoch nicht der holländische, sondern der ungarische Dukaten (Madjar) gemeint sein. Er galt 6 Piaster (türkisch *ġurūš*). Bei der Bewertung gehen wir wie immer von der Zechine aus; sie galt 6 1/2 Piaster, was diesen mit 1.54 M bewertet. Der ungarische Dukaten galt somit 9.23 M, das türkische Goldstück *funduqly* 6.16 M (= 4 Piaster), das ägyptische Goldstück mit dem persischen Namen *zar maḥbūb* 4.62 M (= 3 Piaster), die deutsche Krone 3.85 M (= 2 1/2 Piaster), der spanische Real 3.46 M (= 2 1/4 Piaster). A.a.O. S. 16 setzte E.S. Waring 12 Piaster mit ungefähr 20 sh gleich, was den englischen sh mit 92,4 Pf bewertet.

Nun zu der eigentlich persischen Währung der Zeit von 1802/3, ebenda S. 128.

Der Toman als Goldmünze galt 10 türkische Piaster, also 15.40 M, was für den Dinar theoretisch einen Wert von 0,154 Pf ergäbe. Das von Karim Chan Zand geprägte Goldstück *karīmḫānī* galt 4 Piaster = 6.16 M. Die *nāderšāhī* genannte Silbermünze von Nader Schah galt 1 1/2 Piaster = 2.31 M. Bei den *moḥammadī* genannten Silbermünzen (= 100 Dinar), die Waring so bewertet, daß 5 1/2 von ihnen auf den Piaster gingen, muß es sich um Prägungen aus vorqadjarischer Zeit gehandelt haben. Denn ein *moḥammadī* Waring's galt 28 Pf, was einem Toman von 28.– M entspricht; dieser galt aber in den Anfängen von Fath Ali Schah, wie wir sahen, nur noch 15.40 M. Der *šāhī* („a small silver coin") galt nach Waring wie üblich einen halben *moḥammadī* = 14 Pf; auch diese Münzen stammten demnach aus vorqadjarischer Zeit. Für einen solchen *šāhī* (50 Dinar) bekam man 10 *ġāz* genannte Kupfermünzen im Wert von je 1,4 Pf. Die noch kleinere Kupfermünze oder ein kleines quadratisches Stück Kupfer, *pūl-e siyāh* ('schwarzes Kupferstück') genannt, galt einen halben *ġāz* = 0,7 Pf. Schließlich gab es noch ein *tiflīsī* genanntes kleines Silberstück im Werte von 14 *ġāz* = 19,6 Pf; diese Münzen wurden wohl in Tiflis geprägt.

1805/6

P. Amédée Jaubert (Voyage an Arménie et en Perse fait dans les années 1805 et 1806, Paris 1821, S. 269 Anm. 2) schreibt: „Le toman vaut environ vingt francs." Der franc galt damals im Orient etwa 77 Pf; daher erhalten wir für den Toman einen Wert von 15.40 M, wie ihn auch E.S. Waring für 1802/3 angibt.

Jaubert gab L. Langlès für dessen Ausgabe der Reisebeschreibung von J. Chardin eine handschriftliche Notiz über die persische Währung, die Langlès in Bd. IV 186 verwertete; in sein Reisebuch nahm Jaubert diese

Notiz nicht auf. Darin wurde z. B. der Toman mit 22 Francs 40 bis 80 centimes bewertet, also mit 17.25 M bis 17.55 M, was entschieden zu hoch ist. Dasselbe gilt für die sonstigen dortigen Münzwerte von Jaubert; sie wurden hier daher nicht berücksichtigt.

1809

Aus dieser Zeit besitzen wir einen sehr genauen Bericht über die damalige persische Währung aus der Feder von Adrien Dupré (Voyage en Perse, fait dans les anneés 1807, 1808 et 1809, Bd. II, Paris 1819, 475–483).

„La monnaie d'or pèse maintenant 28 *nokhoud* (1 *mystquâl* 1/6) d'or pur et sans alliage légal. On la nomme *tuman.*" Ein Mesqal wog tatsächlich 24 *noḫŏd* ('Erbsen') zu je 0,195 g = 4,68 g (vgl. meine „Islamische Maße und Gewichte" S. 24); hieraus errechnet sich für den Gold-Toman ein Gewicht von 5,46 g und daher ein Wert von 15.34 M. Dies stimmt recht genau mit den Angaben von Waring und Jaubert, nämlich 15.40 M, überein. Früher habe der Gold-Toman 30, ja sogar 32 *noḫŏd* gewogen, also 5,85 g, ja 6,24 g, was ihn mit 16.43 M bzw. sogar mit 17.53 bewertete. Wann genau dieses „früher" war, erfahren wir leider nicht.

Es gab auch noch ein kleines Goldstück: „Le *châhi* d'or pèse 7 *nokhoud,* et vaut deux riales." Dieses Goldstück wog also 1,365 g und galt damit 3.83 M, was den Silber-Rial (*riyāl,* vom spanischen *real*) mit 1.91 M bewertet. Dupré selbst (a. a. O. S. 481) bewertet den Gold-*šāhī* mit 5 francs, was den damaligen französischen *franc* mit 76,7 Pf bewertet. Dieser Wert stimmt genau überein mit dem, was Dupré bezüglich des Gold-Tomans sagt: „J'estime que le tuman d'or vaut le *louis* de 20 francs", d. h. dieser galt damals 15.34 M (nicht 16.20 M wie 1914). Nun zum persischen Silbergeld von 1809.

„La monnaie d'argent s'appelle *riale;* elle pèse aujourd'hui 2 *mystquâl* et 6 *nokhoud* (also 54 noḫŏd = 10,53 g). Elle est pure, sans alliage, et au même titre dans tout l'Empire." (A. a. O. 476.)

Zu diesem außerordentlich genauen Bericht füge ich als Bestätigung an, was Sir Harford Jones Brydges im Jahr 1811 beobachtete (in: An Account ... of His Majesty's Mission to the Court of Persia, Bd. I, London 1834, S. 432): „The coin of the Empire was quite pure, and there was less alloy in the Persian gold tomaun than there is in our coin called the sovereign; their silver rupee [gemeint ist der Rial] was as pure as silver could be; at least the coinage of Tauris was so."

Dupré fährt a. a. O. fort: „8 *riales* valent un *tuman* d'or, ou 10,000 *dinar* du Diwan." Dies bewertet den Silber-Rial wie oben ermittelt mit 1.91 M.

Aus den bisherigen Angaben läßt sich mühelos und genau die Gold-Silber-Relation der Zeit um 1809 errechnen. Eine Toman-Goldmünze von 5,46 g Feingold galt 8 Rial, also 84,24 g Feinsilber; dies ergibt eine Relation von 1 : 15½.

Außer dem Rial im Werte von 1.91 M gab es damals Silbermünzen zu einem halben Rial = 95,85 Pf, Zehn-*šāhī* -Stücke (zu je 500 Dinar) im Werte von 76,7 Pf, Viertel-Rial-Stücke = 47,9 Pf und Achtel-Rial-Stücke im Wert von rund 24 Pf; „mais ces monnaies sont en petite quantité." (Dupré, a. a. O. II 476.)

Von den damaligen persischen Kupfermünzen bemerkt Dupré (II 476 f.): „Le châhi du Diwan est composé de deux pièces de cuivre, chacune du poids et de la valeur d'à peu près 5 centimes de France, ou de quatre plus petites, moitié des grosses." Die größere Kupfermünze, der *nīm šāhī* oder halbe Schahi (also 25 Dinar), hieß auch großer *qara-pūl* (halb türkisch, halb persisch = 'Schwarzgeld') und galt 5 centimes = 3,8 Pf; der kleine *qara-pūl* galt die Hälfte, also 1,9 Pf, auch *rubʿ-e šāhī* oder Viertel-Schahi genannt. Die Silber- und Kupferprägen der Städte galten nur im dortigen Stadtbereich: „le *karapoul* de Khoï ne passera point à Tawriz, à Mèrâgâ et ailleurs, et réciproquement." (Dupré II 480.) Zu den Kupfermünzen bemerkt er (II 477), sie seien sehr schlecht geprägt gewesen und ungleichmäßig in der Form. Abgebildet waren auf ihnen das iranische Löwen-Sonnen-Wappen, ein Pfau, ein Löwe, der gerade eine Gazelle reißt, ein Stachelschwein oder zwei Fische.

Von den einstigen safawidischen Münzen war der *bīstī* (20 Dinar) nur noch eine „monnaie de compte" von 4 centimes (3 Pf). Der alte große *ʿabbāsī* (250 Dinar) war eine „monnaie imaginaire" geworden im Werte von 40 centimes oder 30,3 Pf. (Dupré II 482.)

Der einstige *hazār,* das 1000-Dinar-Stück, war durch den Rial ersetzt worden, der aber 1250 Dinar galt, also 1.91 M. „Le *hézar* du Diwan est représenté par une monnaie étrangère. C'est la pièce de 60 paras, dite grouche aïn [ġurūš ʿain] (piastre primitive), frappé en 1187 de l'hégire [1773], sous le règne de Sultân-Abdul-Hamid." (Dupré II 478.) Da der *hezār* 1,534 M galt, bewertet sich der türkische *para* im damaligen Persien mit rund 2½ Pf.

Zu den abendländischen Goldmünzen im damaligen Persien äußerte sich Dupré (II 483) wie folgt: Die venedischen Zechinen (persisch: *dŏ-butī* genannt, etwa „Zwei-Götzen-[Münze]") wurden nicht geschätzt, weil man ihr Gold für durch Alchemie erzeugt hielt! Armenier kauften sie zum Preis von 5 Rial 8–10 Schahi (etwa 10.28 M) und führten sie mit Gewinn nach Indien aus. „Le ducat de Hollande (*badjakly,* türkisch = 'Holländer') qui vient de Russie était commun en Perse en 1806, 1807 et 1808. Il était reçu alors pour 4 riales et 20 châhi ou 12 hézar (12 Francs) 6000 dinâr", galt also 9.17 M. Der Kurs habe aber sehr geschwankt.

1818

Robert Ker Porter (Travels in Georgia, Persia ..., London 1821, I 250 f.) berichtet: „The Persian coin is of gold, silver, and copper; each metal being struck in almost its pure state. The gold money are called *tomauns;* one of which, in intrinsic value, may now be equal to ten shillings English." „There are two sorts of silver money: the highest in value is the *real,* eight of which amount to a tomaun. The smaller silver coin is called the *white-shy* [shy = *šāhī* ]; eight of these being equal to a real. The copper money have the name of *black-shy;* and twenty-four of them amount to one real. ... The current value of a ducat is equal to six reals."

Hieraus folgt für den *riyāl* ein Wert von 1.66 M. Der Toman = 8 *riyāl* galt somit 13.33 M. Der *šāhī* („white-shy") galt 20¾ Pf, war also nicht mehr wie früher 50 Dinar als ein Zweihundertstel des Toman von 10000 Dinar. Die Kupfermünze („black-shy", *qara-pūl*) galt 6,9 Pf.

Nach dem Münzbefund bei Rabino (S. 64) wog der Goldtoman in der Zeit zwischen 1812 und 1828, also sechzehn Jahre hindurch, gleichbleibend 4,86 bis 4,66 g, was bei Feingold einem mittleren Wert von 13,33 M entspricht.

1822

James G. Fraser (Travels and Adventures in the Persian Provinces, London 1826, 121) bewertete damals 6 Toman mit 3 pound sterling 2 sh. Legen wir einen damaligen Wert des shilling, wie sich aus Ker Porter's Notiz oben ergibt, von 1.33 M zugrunde, errechnet sich der Toman auf 13.70 M, also nur um ein geringes mehr als unser von 1812 bis 1828 durchgehender Wert von 13.33 M.

1825

Nach Rabino (S.64) wurde in diesem Jahr zum erstenmal eine Silbermünze namens *ṣāḥeb-qerān* im Gewicht von 7 g geprägt. Später nannte man sie nur noch *qerān* (meist *qarān* ausgesprochen). Bei einer damaligen vermutlichen Gold-Silber-Relation von 1 : 13¼ bewertete sich eine solche Münze mit 1.47 M, was einen Toman von 11.76 M ergibt.

1834–1848

Mohammad Schah Qadjar prägte (nach Rabino 69) Gold-Tomane zu 54 grains oder 3,5 g. Nach Messungen in Wien wog diese Münze 3,45 g und war 960 fein, galt somit 9.30 M oder 11.48 francs.

1851

Aus diesem Jahr, also zur Zeit von Naser od-Din Schah, berichtet Robert B. M. Binning (in: A Journal of two years' travel in Persia ..., Bd. I, London 1857, 150 und Anm. 168), 22 000 Toman seien „nearly 10,000 pound sterling" gewesen, was den Toman mit rund 9.– M bewertet. Im einzelnen führt er aus: „Deenar (*dīnār*) – a nominal coin, in which accounts are reckoned." Auch der *šāhī* (50 Dinar) von einst war nur noch eine nominelle Münze; „it is in value one half-penny sterling (4,166 Pf); Pooli siyâh (*pūl-e siyāh*) or 'black money' – a copper coin, in value one-third of a shahee (1,388 Pf); 20 shahees or 1000 deenars = 1 sahebi keraun or keroonee, sometimes called a riyâl – a silver coin, value 10 pence." Der *ṣāḥeb-qerān* oder *qerān* (auch *qerūn* gesprochen), auch noch Riyāl genannt, galt ein zehntel Toman = 90 Pf. Es gab als neue Silbermünze den „Penâhbâdee" = *penāh-bādī* „worth rather less than half of a keroonee", galt also ungefähr 40 Pf oder etwas darüber.

1860

Nach Edward B. Eastwick (in: Journal of a diplomate's three years' residence in Persia, London 1864, Bd. I, S. 246) galt damals der Toman 10 sh = 10.– M.

1875

Nach A. Houtum-Schindler (in: Zeitschrift der Gesellschaft für Erdkunde zu Berlin, Bd. 12, Berlin 1877, 215) war damals der Toman 8.– M wert.

# Das muslimische Indien

## Sultanat Delhi

Die Münzen des Sultanats von Delhi seit der Zeit des Iltutmysh (1211–1236) bis zur Thronbesteigung von Muhammad Tughluq (1325) bestanden zur Hauptsache aus *tängä* genannten Gold- und Silberstücken gleichen Gewichts. Ein *tängä* wog 96 *rati* = 172,8 grains Troy = 11,197 Gramm. (H. N. Wright und H. R. Nevill, in: Numismatic Supplement No. 38 (for 1924) des Journal of the Asiatic Society of Bengal, New Series, xx, Calcutta 1925, S. 37; irrig E. Thomas, in: Atheanaeum vom 3. Febr. 1866 und H. Yule, Cathay and the way thither, Bd. I, S. ccclvii–ccxlviii = Hakluyt Society, Works, Bd. 36.)

Bei einem wahrscheinlichen Feingehalt von etwa 99 Prozent der Goldstücke errechnet sich für das Gold-*tängä* ein Wert von 31.44 M. Zum Silber-*tängä* siehe sogleich.

Als im Jahre 1325 Muhammad Tughluq auf den Thron kam, prägte er Gold-Dinare zu 201,6 grains = 13,06 g sowie sogenannte *ʿadlī*-Silbermünzen, die aber schon 1328 aus dem Verkehr verschwanden. Ein *ʿadlī* wog 80 *rati* = 144 grains = 9,33 g. (Wright/Nevill, a. a. O. S. 35.) Zwölf *ʿadlī* waren anscheinend = 10 Silber-*tängä*, was für den *ʿadlī* gemäß der sogleich anzuführenden Berechnung einen Wert von etwa 2.60 M ergäbe. Vierzehn *ʿadlī*-Silberstücke gingen offenbar auf einen der neuen, schweren Gold-Dinare im Werte von 36.40 M. Sie wurden aber ebenfalls bald aus dem Verkehr gezogen, wohl weil sie kein klares Zahlenverhältnis zu den früheren Silber-*tängä* aufwiesen. (Wright/Nevill, a. a. O. S. 36.)

Nach vorübergehender Münzverschlechterung ergab sich unter Muhammad Tughluq für Delhi, Sind und Bengalen um 1335 folgende Währungslage, für die wir die voneinander unabhängigen Zeugnisse des maghrebinischen Reisenden Ibn Baṭṭūṭa und von al-ʿUmarī besitzen.(Voyages d'Ibn Batoutah, ed. C. Defrémery und B. R. Sanguinetti, Bd. III, Paris 1877, 106 f., 246 und 426 für Delhi, Bd. IV, Paris 1879, 212 für Bengalen. Ferner Masālik al-Abṣār von al-ʿUmarī, übernommen von al-Qalqašandī in dessen Werk Ṣubḥ al-Aʿšā, Bd. V, S. 82, französisch bei Quatremère, Notices et Extraits xiii, 211 f.)

Die Silber-*tängä* bezeichnet Ibn Baṭṭūṭa durchgehends als „Dinare", wohl in Anlehnung an den Gebrauch im Ilchan-Reich. Zehn Silber-*tängä* gingen auf ein Gold-*tängä*. Somit bestand, da beide Münzarten gleich schwer und wohl auch gleich fein waren, im damaligen muslimischen Indien ein Gold-Silber-Wertverhältnis von 1:10. Ein Silber-*tängä* hatte demnach einen Wert von 31.44 M dividiert durch 10 = 3.14 M.

Ferner galt - ebenfalls nach Ibn Baṭṭūṭa - ein Gold-*tängä* soviel wie zweieinhalb maghrebinische Gold-Dinare. Diese wogen seit den Almohaden 1 mithqal zu 4,72 g. Ihr Feingehalt dürfte um 94 Prozent gelegen haben, woraus sich für den maghrebinischen Gold-Dinar ein Wert von etwa 12.50 M errechnet. Das Zweieinhalbfache davon kommt unserem oben ermittelten Wert des Gold-*tängä* von 31.44 M recht nahe, nämlich 31.25 M.

Außerdem liefen kleinere Silbermünzen um, von denen die wichtigste der „Achtfach-Derham" (persisch: *derham-e haštgānī*) war und soviel galt wie ein damaliger ägyptischer oder syrischer *dirham*. (Ibn Baṭṭāṭa iv 210.) Den Wert des *derham-haštgānī* ermitteln wir, da 8 von ihnen auf ein Silber-*tängä* von 3.14 M gingen, mit 39¹/₄ Pf. Die Einheit dazu war der *derham-e yägānī* oder „Einfach-Derham" mit 4,9 Pf. Dieser wurde auch *ǧītal* genannt und war damals noch eine wirkliche Münze, nicht bloße Rechnungseinheit wie 250 Jahre später unter Akbar. Es gingen also 64 *ǧītal* zu je 4,9 Pf auf ein Silber-*tängä* zu 3.14 M.

Der *derham-e dŏgānī* („Doppel-Derham"), auch *solṭānī* genannt, war dementsprechend = 9,8 Pf; der *derham-e šišgānī* („Sechsfach-Derham" = 6 *ǧītal*) = 29,4 Pf; der *derham-e dawāzdahgānī* („Zwölffach-Derham" = 12 *ǧītal*) = 58,875 Pf; der *derham-e šānzdahgānī* („Sechzehnfach-Derham" = 16 *ǧītal*) = 78¹/₂ Pf.

Von den Kupfermünzen gingen 32 auf das Acht-*ǧītal*-Stück; ein solcher *fals* galt somit 1,226 Pf.

Unter Fīrūz Tughluq (1351–1388) trat zu den bestehenden Münzsorten als Neuerung die Präge folgender Silberstücke (nach dem Ta'rīḫ-e Fīrūzšāh des Šams-e Serāǧ ʿAfīf, im persischen Original angeführt bei E. Thomas, The Chronicles of the Pathán Kings of Dehli, London 1871, S. 278): *čehel-ŏ-haštgānī* (Stücke zu 48 *ǧitāl*) = ³/₄ Silber-*tängä* = 2.38 M; *bīst-ŏ-pänǧgānī* (Stücke zu 25 *ǧītal*, leicht legiert), mit einem halben *ʿadlī* bewertet, damals = 1.225 M; *bīst-ŏ-čahārgānī* (Stücke zu 24 *ǧītal*) = ³/₈ *tängä* = 1.19 M; und *dahgānī* (Stücke zu 10 *ǧītal*) = ¹/₅ *ʿadlī* = damals 49 Pf. Dazu kamen noch Kupfer-Silber-Münzen für den Kleinsthandel von ¹/₂ *ǧītal* = 2,45 Pf und ¹/₆ *ǧītal* (*mohr-e dāngä ǧītal* genannt) = 0,81 Pf.

## DAS MOGHUL-REICH

Aus dem Silber-*tängä* wurde unter dem Großmoghul Sher Shah (1539–45) die *Rupie*. Sie gewann unter Akbar (1556–1605) allgemeine Verbreitung und wurde zur Grundlage der indischen Silberwährung.

Das Gewicht der Rupie blieb mit 11,534 Gramm (11¹/₂ *māša* zu je 1,003 g) dasselbe wie beim Silber-*tängä* des 13. Jahrhunderts. Ihr Feingehalt betrug 97 Prozent; also enthielt die Silber-Rupie 11,188 g Feinsilber. Ihren Wert in der zweiten Hälfte des 16. Jahrhunderts gewinnen wir aus dem Verhältnis der Rupie zu dem von Akbar um 1562 eingeführtem Gold-*mohr* von 11,033 g Gewicht (= 11 *māša*) und 98 bis 100 Prozent Feingehalt. Auf einen solchen Gold-*mohr* gingen 9 Silber-Rupien. (Ā'īn-e Akbarī, in: Bibliotheca Indica, New Series Bd. 30, I 28; vgl. auch F. von Schrötter, Wörterbuch der Münzkunde, S. 445 und 577.)

Zum Standardwert von 2.81 M für ein Gramm Feingold errechnet sich der Akbar'sche Gold-*mohr* im Mittel auf 30.60 M.

Auf einen solchen Gold-*mohr* gingen wie erwähnt 9 Silber-Rupien, was die Rupie mit 3.40 M bewertet.

Da 9 Rupien 100,692 g Feinsilber enthielten, der gleich-wertige *mohr* 10,885 g Feingold, so ergibt sich für die Zeit Akbars eine Gold-Silber-Relation von 1 : 9¹/₄. Das von Edward Thomas (a. a. O. S. 424) errechnete Wertverhältnis 1 : 9,4 weicht davon nur wenig ab.

Die zur Akbar-Währung gehörige Kupfermünze, *dām* genannt (vor Akbar und auch später wieder *paisā*), galt ¹/₄₀ Rupie = 8¹/₂ Pf. Nominell zerfiel ein *dām* in 25 *ǧītal*. Das Gewicht eines Kupfer-*dām* betrug 5 *ṭāṇk* = 20,937 g. (Ā'īn-e Akbarī, a. a. O. I 31–33, III 125.) Die englische Redewendung: „I don't give a damn" geht auf die Kupfermünze des Großmoghuls Akbar zurück.

Die genannte Gold-Silber-Relation von 1 : 9¹/₄ scheint sich zumindest bis ins Jahr 1623 gehalten zu haben; denn damals bewertete Pietro della Valle (Viaggio, Bd. III, Rom 1658, 33) die Rupie noch mit einer drittel Zechine, also mit 3.33 M.

1638

Die Angleichung der Geldverhältnisse an die persischen berichtet der deutsche Reisende J. H. Mandelslo im Jahre 1638. Er schreibt (Journal und Observation, Kopenhagen 1942, 151), in Persien und Indien gebe man 12 Teile Silber auf einen Teil Gold. Dieser neuen Relation von 1 : 12 entsprechend bewerten wir die Rupie von 1638, von denen zwei auf einen Reichstaler gingen (nach Mandelslo S. 48 und 152), nur noch mit 2.75 M.

1660

In diesem Jahr setzte J. B. Tavernier (Les six voyages, Paris 1678, II 392) den Wert der Rupie mit 1½ *livres* = 30 *sols* an. Da 1 *livre* in Persien damals mit 1.57 M zu bewerten ist, ergibt sich für die Rupie ein Wert von 2.35 M.

1666

Dies bestätigt für das Jahr 1666 J. B. Thévenot (Voyages, Paris 1689, III 54 f.) mit einer gewissen Einschränkung: Im allgemeinen rechne man zwar die Rupie zu 30 *sols* = 2.35 M; doch würden alljährlich neue Rupien geprägt, und dabei bewerte man die Rupie des Vorjahres wegen Abnutzung um 1 *paisā* niedriger. Als er 1666 in Surat ankam, galten die Rupien je 33⅓ *pechas* (*paisā*). Eine solche Kupfer-*paisā* errechnet sich auf ziemlich genau 7 Pf.

1677

In diesem Jahr berichtet John Fryer (Hakluyt Society, Works, Second Series Bd. 20, London 1912, II 125 f.) über die Münzen von Surat, Agra usw., die gängige Münze sei die Silber-Rupie, die man mit 2¼ *Mamoodoes* (gemeint sind *moḥammadī*) bewerte. „*Mamoodoes* are current only in Surat, and Parts adjacent; they are worth somewhat less than English Shilling, but are so accounted in the Company's Books." Die East-India Company bewertete also den *moḥammadī* mit 1 sh = 1.– M, die Rupie somit mit 2.25 M.

Von der Kupfer-*paisā* gingen zwischen 12 und 24 auf den *moḥammadī*, galten also zwischen 8⅓ Pf und 4⅙ Pf.

1681

Auch in diesem Jahr bestand der Kurs von 2.25 M für die Rupie fort. Hier zeigt uns die wichtige Angabe von Sparr de Homberg (JA II xvi 105) auch mit Sicherheit die Gold-Silber-Relation im Moghulreich seit etwa 1660. Nach diesem Gewährsmann galt im Jahr 1681 in Surat ein vollwichtiger

Dukaten zu 10.– M $4^{11}/_{23}$ Rupien. Dies bewertet die Rupie mit 2.23 M und erweist eine Gold-Silber-Relation von $1:13^{1}/_{4}$.

Kupfer-*paisā* gingen in Surat durchschnittlich 32 auf die Rupie, was eine damalige *paisā* mit 7 Pf bewertet. Sparr de Homberg (a. a. O. S. 106 f.) bemerkt dazu: „1 *ropia,* on peut changer contre 32 *peises,* et quelquefois seulement pour 30, ainsi quelquefois 33 et 34, selon que les vaisseaux ont apporté beaucoup ou peu de cuivre.“ In Agra hingegen gingen 56 bis 60 *paisā* auf die Rupie, was für die dortige *paisā* etwa 4 Pf ergibt (a. a. O. S. 110).

1695

Mit aller wünschenswerten Genauigkeit bestätigt ein Bericht von 1695 das Fortbestehen der Wertrelation von $1:13^{1}/_{4}$. (G. F. Gemelli, Giro del Mondo, Venedig 1719, III 160.) Danach galt eine Goldrupie $13^{1}/_{4}$ Silberrupien oder 6 spanische Taler („pezze da otto di Spagna“), die damals mit 4.98 M zu bewerten sind. Demgemäß galt eine Silberrupie 2.25 M, eine Goldrupie 29.88 M.

1711

In diesem Jahr wurde in Surat eine Rupie mit 4 persischen *moḥammadī* bewertet (Ch. Lockyer, An account of the Trade in India, London 1711, 241). Da der *moḥammadī* damals 63 Pf galt, errechnet sich für die Rupie der vergleichsweise hohe Wert von 2.52 M. Offenbar war damals die Relation zugunsten von Silber wieder auf etwa $1:12^{1}/_{2}$ gestiegen.

Derselbe Gewährsmann berichtet (S. 262): „The Current Coins of Surat are Rupees and Pice; yet in Accounts they reckon Rupees, Ana's, and Pice, viz., 16 Pice to one Ana, and 4 Ana's to one Rupee.“ Hieraus ergibt sich: 1 Rupie = 2.52 M, 1 Ana = 63 Pf, 1 *paisā* = 3,94 Pf.

1766

Robert Stevens (The Complete Guide to the East-India Trade, London 1766, 73) gibt für die Währung von Bombay folgende Aufstellung: 1 Rupie = 2 s. 6 d. = 2.50 M. Sie galt 80 „Pice“ (*paisā*) zu je $3^{1}/_{8}$ Pf; eine *paisā* galt 5 „Raes“ (*réis*) zu je 0,625 Pf. Für eine Rupie erhielt man 16 „Ana“ zu je 15,62 Pf.

1782

Damals galten nach James Forbes (Oriental Memoirs, Bd. II, London 1813, 250) 6 Rupien = 15 sh. Bei einer Bewertung von 1 sh = 1.– M ergäbe sich für die Rupie 2.50 M, was etwas zu hoch erscheint. Im Jahr 1817 galt (nach John Johnson, A Journey from India to England, London 1818, 373) die Zechine (10.– M) 10 sh 8 d, was den shilling nur mit 93,8 Pf bewertet. Legen wir diesen Wert auch im Jahr 1782 zugrunde, erhalten wir für die Rupie einen Wert von 2.34 M, was angemessen erscheint.

1789

Nach John Taylor (Travels from England to India in the year 1789, Bd. II, London 1799, 415) wurde das große indische Goldstück, der sogenannte Gold-*mohr,* dessen Wert wir eingangs dieses Kapitels mit 30.60 M errechneten, mit 14½ bis 15½ Rupien bewertet. Dies ergibt für die Rupie zu 16 „anna“ = 50 „pice“ (*paisā*) einen Wert zwischen 2.11 M und 1.97 M, also einen Mittelwert von 2.– M. Dies galt für Bengalen; in Bombay galt der Gold-*mohr* 15 Rupien, die Rupie also 2.04 M.